DIE BLENDED-LEARNING FIBEL

LEARNING EXPERIENCE DESIGN MIT ERFOLGSGARANTIE

Ein großes Dankeschön an

Verena Lorenz

Torsten Schölzel

Yvonne de Bark

Laura Grocholl

Dr. Ina Weinbauer-Heidel

Prof. Dr. Axel Koch

Albrecht Kresse

Estelle Ficinus

unsere lieben Kolleginnen und Kollegen von der eLearning Manufaktur, die uns jeden Tag helfen, bessere Blended-Learning-Konzepte in die Welt zu bringen.

Besonders bedanken wir uns bei Ady Riegler und Ingo Dorißen, die diese Buchidee unterstützen.

An einigen Stellen im Buch findest Du QR-Codes und Links. Sie führen Dich zu weiteren Infos bzw. Antworten auf die häufigsten Fragen. Falls der automatische Login nicht klappt, logge Dich mit diesen Daten ein:

BENUTZER: Fibel

PASSWORT: ichwillrein

Inhaltsverzeichnis

8	Einleitung

11 TEIL A: DIE BASICS

12 1. GRUNDLAGEN VON BLENDED LEARNING
- 13 Was ist Blended Learning?
- 14 Fünf Argumente für Blended Learning
- 16 Blended Learning als strategischer Ansatz
- 18 Die fünf Reifegrade von Blended Learning
- 20 Neurowissenschaftliche Grundlagen
- 21 Ein paar Zahlen rund um unsere Arbeit

26 2. DER BLENDED-LEARNING BAUKASTEN
- 27 Für jedes Thema die richtigen Tools
- 32 Wo Erfahrung fehlt, muss Methode her
- 32 Aufbau des Baukastens

44 3. BLENDED LEARNING RICHTIG EINFÜHREN
- 45 Widerständen optimal begegnen
- 46 Konzepte vor Stakeholdern präsentieren
- 47 Stakeholder überzeugen mit dem Trainingskompass
- 51 Mit Misserfolgen clever umgehen
- 52 Den Windschatten von Vorstandsbabys nutzen
- 53 Von Blended-Learning-Templates profitieren

61 TEIL B: DAS LERNDESIGN

62 4. DAS VORGEHENSMODELL IM ÜBERBLICK
- 63 Warum dieses Vorgehen?
- 65 Kurze Einführung ins Thema Methoden

68 5. DIE MANAGEMENT SUMMARY ERSTELLEN
- 69 **Schritt 1:** Projektziele festlegen
- 71 **Schritt 2:** Zielgruppen definieren und Personas entwickeln
- 74 **Schritt 3:** Rahmenbedingungen formulieren
- 75 **Schritt 4:** Lernziele definieren

80 6. DIE LEARNER JOURNEY DESIGNEN
- 81 **Schritt 5:** Emotionen und Gedanken formulieren
- 82 **Schritt 6:** Lerndesign entwerfen

88 7. DIE KOMMUNIKATION PLANEN
- 89 Gute Kommunikation sichert den Projekterfolg
- 89 Kommunikation als Schlüssel zur Aufmerksamkeit
- 90 **Schritt 7:** Den Kommunikationsfahrplan entwerfen
- 92 **Schritt 8:** Bausteine in die Learner Journey integrieren
- 93 **Schritt 9:** Kernbotschaften formulieren
- 94 21 Hacks für eine bessere Kommunikation

112 8. QUALITÄTSCHECK UND PILOTIERUNG
- 113 **Schritt 10:** Den Yummy-Check durchführen
- 114 Neun Qualitätskriterien für den Check
- 124 **Schritt 11:** 360-Grad-Bewertung durchführen
- 126 Pilotierung des Projekts

131 TEIL C: DAS TRANSFERDESIGN

132 9. DIE TRANSFERSTRECKE ENTWICKELN
- 133 Warum ein Transferkonzept?
- 133 Intelligente Transferdesigns
- 135 Fünf Qualitätskriterien für gute Transferimpulse
- 136 Die Transferbegleitung einfach automatisieren
- 137 Wichtige Fragen vor Konzeptionsbeginn
- 140 Das Transferdesign entwickeln
- 141 Transferstärken und -schwächen ermitteln

146 GASTBEITRAG VON DR. INA WEINBAUER-HEIDEL
Mit zwölf Hebeln das Transferproblem knacken

158 GASTBEITRAG VON PROF. DR. AXEL KOCH
Schon mal über Transferstärke nachgedacht?

167 TEIL D: DOS & DON'TS

168 10. DOS & DON'TS FÜR DIE EINFÜHRUNG
169 Don´t: Abkürzungen beim Vorgehen nehmen
170 Do: Einer entscheidet, viele denken mit
172 Do: Trainings aus einem Guss entwickeln
173 Do: Relative Dauer einer Blended-Learning-Strecke
174 Do: Mögliche Phasen eines Blended-Learning-Projekts
176 Do: Schnelleinstieg in den Methodendschungel
177 Do: Die digitale Welt in die Präsenzwelt bringen
178 Don´t: Vorbedingungen, die keine sind

179 11. DOS & DON'TS FÜR DIE KONZEPTENTWICKLUNG
180 Do: Blended Learning als Change-Projekt verstehen
181 Don't: Zu viel Neues auf einmal
182 Do: Die Selbstverantwortung der Lerner erhöhen
183 Do: Führungskräfte ins Blended Learning integrieren
184 Don't: Die Digitalallergie der Trainer unterschätzen
185 Do: Trainer als Verhinderer oder Verstärker sehen

187 TEIL E: METHODIK UND DIDAKTIK

189 12. METHODENKOFFER DIGITAL
190 E-Learning
192 Wissenstest
194 Learning Nugget
196 Animiertes Video
198 Webinar
200 Gesprächssimulation
202 Realfilm
204 Screencast
206 Best-Practice-Video
208 Videoquiz
210 Kundeninterview

212	Experteninterview
214	How-to-Film
216	Prozesssimulation
218	Umsetzungsaufgabe
220	Podcast
222	Hörbuch
224	Umfrage
226	Information
228	Transfer-App

230 13. METHODENKOFFER PRÄSENZ

232	Expert Debriefing
234	PowerPoint Karaoke
236	Walk to Talk
238	Fedex Day
240	Peer Programming
242	Shadowing
244	Hackathon
246	Workshop
248	Coaching
250	Training
252	Consulting
254	Konferenz
256	Barcamp
258	Mentoring
260	Vortrag
262	Open Network
264	Case Study
266	Reflexion
268	Netzwerktreffen
270	Study Tour
272	Fireplace Talk
274	Infosession
276	Blind Dates
278	Brown Bag Meeting
280	Telefonkonferenz
282	World Café

284	Pecha Kucha	
286	Präsentation	
288	Vox Pops	
290	Rollenspiel	
292	Seminarquiz	
294	Simulation	
296	Call a Coach	

298 14. METHODENKOFFER KOMMUNIKATION

300	E-Mail
301	Brief
302	Erklärvideo
303	Trailer
304	Umfrage
305	Interview
306	Vortrag/Event
307	Poster
308	Aufsteller
309	Intranet-/Portalpost
310	Gewinnspiel
311	Vox Pops
312	SMS
313	Meeting
314	Workshop

315 15. DIDAKTIK ENDLICH EINFACH GEMACHT

320	Impressum

Alle Fachbegriffe findest Du hier:
Das große L&D Glossar

bit.ly/2BFcqHM

EINLEITUNG

Hallo,

wir sind Dirk, Mirja und Alex vom Bildungsinnovator.

Blended Learning bewegt Dich genauso wie uns? Wir versprechen Dir, dass Du in diesem Buch enorm viel Treibstoff für Deine Arbeit finden wirst.

Vielleicht stehst Du gerade vor der spannenden Aufgabe, mit Blended Learning in Deinem Unternehmen zu starten. Dann erwartet Dich auf den folgenden Seiten eine systematische Einführung ins Thema. Angefangen von der Konzeption über die Umsetzung bis hin zur Transferplanung.

Vielleicht bist Du aber schon länger in Sachen Blended Learning unterwegs und fragst Dich, wie Du Deine Projekte so richtig fliegen lassen kannst. Dann darfst Du Dich auf viele erprobte Vorgehensideen, Praxisbeispiele und Inspirationen freuen.

Als Bildungsinnovator wollen wir Trainings besser und wirksamer machen. Blended Learning ist hierfür aus unserer Sicht der perfekte Weg. Mehr als 45 Projekte für große Unternehmen haben wir bereits realisiert. Wir bilden zertifizierte Blended-Learning Consultants aus und beraten HR-Teams und Trainer bei der Umsetzung. Eine ganze Menge Erfahrung also – von der Du jetzt profitieren kannst.

Das erwartet Dich in diesem Buch:

- Teil A: Du lernst die Basics kennen. Was macht gutes Blended Learning aus? Welche Tools kannst Du für Deine Konzeptionsarbeit nutzen? Wie legst Du am besten mit Blended Learning in Deinem Unternehmen los?

- Teil B: Du machst Dich mit dem Lerndesign vertraut. Welches Vorgehensmodell empfehlen wir Dir? Warum ist jeder der elf Schritte unseres Modells wichtig? Wie planst Du Dein Projekt zielgerecht? Wie entwirfst Du die Reise des Lerners? Worauf kommt es bei der projektbegleitenden Kommunikation an? Mit welchen Tools sicherst Du die Qualität?

- Teil C: Du steigst ins Thema Transferdesign ein. Wie sorgst Du für einen gelungenen Transfer in die Praxis? Welche Stellhebel beeinflussen die Transferwirksamkeit? Wie lässt sich die Transferstärke der Lerner ermitteln?

- Teil D: Du kriegst außerdem eine ganze Reihe an Dos & Don´ts an die Hand – unsere Praxiserfahrungen, aufbereitet für Deine tägliche Arbeit. Wie bindest Du die Führungskräfte richtig ein? Warum solltest Du Abkürzungen meiden? Was tun gegen die Digitalallergie der Lerner? Diese und andere Fragen beantworten wir Dir.

- Teil E: Du gewinnst den Überblick über die besten Methoden in den Bereichen Digital, Präsenz und Kommunikation. Wir stellen Dir jede Methode detailliert vor und liefern Anwendungsideen.

Das klingt richtig gut? Dann wünschen wir Dir viel Spaß beim Lesen, Entdecken und Ausprobieren.

Noch ein Hinweis: Wir wollen Blended Learning nicht auf einer oberflächlichen, abstrakten Ebene erklären. In diesem Buch wirst Du daher Screens, Poster, Materialien und Apps sehen, mit denen wir täglich arbeiten. So können wir Dir unsere Gedanken und unser Vorgehen lebendig und greifbar erklären. Du kriegst ein klares Bild, was gemeint ist und wie Du vorgehen solltest. Übrigens bekommst Du einige dieser Dinge kostenlos als Buchergänzung von uns dazu. Also freu Dich schon mal!

1. GRUNDLAGEN VON BLENDED LEARNING

―― HIER ERFÄHRST DU, ――――――――――――――――――――

- was wir unter Blended Learning verstehen.
- wie die fünf wichtigsten Argumente für Blended Learning lauten.
- warum Blended Learning ein wirklich guter strategischer Ansatz ist.
- welche fünf Reifegrade es gibt.
- wie die neurowissenschaftlichen Grundlagen aussehen.
- welche Zahlen für unser Blended-Learning-Modell sprechen.

WAS IST BLENDED LEARNING?

Blended Learning, das ist analoges und digitales Lernen kombiniert. Diese Definition ist zwar richtig, aber noch nicht so richtig auf den Punkt. Denn es geht um mehr, als einfach nur E-Learnings und Präsenztrainings munter zu mischen. Es geht um den richtigen Mix, den effektivsten Weg zum Lernerfolg.

Das Ziel ist klar: Menschen sollen zu einer nachhaltigen Verhaltensänderung bewegt werden. In den letzten Jahrzehnten haben die Unternehmen das mit Präsenztrainings versucht. Mit teils beeindruckend schlechten Resultaten. Transferraten von mehr als 15 Prozent galten schon als Sensation. Auch das Umschwenken auf digitale Lernformate vor einigen Jahren brachte nicht den erhofften Durchbruch.

Wie geht's besser? Die Lösung heißt Blended Learning. Nicht durch ein einzelnes Trainingsereignis, sondern durch eine clevere Kette von sorgfältig orchestrierten Lernbausteinen bringen wir den Lerner ans Ziel. Auf diese Dinge kommt es dabei an:

OPTIMALE AUSWAHL DER FORMATE

Welche Formate eignen sich für das Erreichen der jeweiligen Lernziele? Und wann und wo setze ich sie ein? Mal ist ein Webinar oder E-Learning genau richtig, mal braucht es ein Training vor Ort. Entscheidend für das Gelingen ist eine sinnvolle, gut durchdachte Auswahl.

CLEVERE DIDAKTISCHE VERZAHNUNG

Analoge und digitale Lernformate sollten intelligent miteinander verzahnt sein. Vor allem aber müssen die Lernziele aufeinander abgestimmt sein, und die ausgewählten Formate sollten auf sie einzahlen. Im Zusammenspiel aller Formate wird ein klares Konzept sichtbar – inhaltlich und visuell.

SICHTBARE ERFOLGSKURVE FÜR DEN LERNER

Der Lerner braucht kleine und größere Erfolgserlebnisse, sonst hält er nicht bis zum Lernziel durch. Er muss spüren, dass er sich entwickelt und kontinuierlich Fortschritte macht. Eine Überforderung durch inhaltlich überladene oder anderweitig unpassende Formate wäre kontraproduktiv.

FÜNF ARGUMENTE FÜR BLENDED LEARNING

Kommt, lasst uns Seminarkosten sparen! Das war einmal das Hauptargument für den Einsatz von E-Learning bzw. Blended Learning. Heute sind die meisten HRler in den Unternehmen klüger, sprich erfahrener. Denn für Blended Learning spricht viel mehr:

1. DU STEIGERST DIE WIRKSAMKEIT DEINER TRAININGS

Am Ende eines Seminars oder E-Learnings haben die Lerner viele Ideen im Kopf, was sie in ihrem Alltag verändern könnten. Doch davon setzen sie nur einen Bruchteil um. Mit Blended Learning kannst Du den Lerner in der Transferphase gezielt unterstützen und damit die Wirksamkeit der Maßnahme deutlich erhöhen.

2. DU VERKÜRZT DIE TIME-TO-MARKET

Bei vielen Projekten geht es darum, die Lerner sehr schnell arbeitsfähig zu machen. Denken wir an Onboarding-Prozesse: Damit neue Mitarbeiter nicht wochenlang auf das nächste Training warten müssen, ist Blended Learning ideal. Vom ersten Tag an kannst Du die Neulinge mit den richtigen Informationen versorgen. Unabhängig von Einsatzort, Eintrittsdatum und Teilnehmerzahl.

3. DU ENTLASTEST DIE FÜHRUNGSKRÄFTE

Welcher Teammanager oder Abteilungsleiter findet heutzutage noch die Muße, sich jedes Jahr über mehrere Tage hinweg in Seminarräumen einzuschließen? Führungskräfte wollen ihre Zeit optimal nutzen und freuen sich deshalb über zeitsparende und flexible Blended-Learning-Formate. Natürlich profitieren auch andere Lerner im Unternehmen, die wenig Zeit haben, von diesen Vorteilen.

4. PERFEKT FÜR DEN MOMENT OF NEED

Bei vielen Informationen macht es keinen Sinn mehr, sie sich als Vorratswissen anzueignen, da wir in der VUCA-Welt die Anwendungswahrscheinlichkeit und den Anwendungszeitpunkt nicht mehr bestimmen können. Gute Konzepte liefern Antworten im Moment of Need, und das geht mit Seminaren natürlich nicht.

5. DU ERMÖGLICHST ADAPTIVES LERNEN

Die Teilnehmer haben meist recht unterschiedliche Wissensstände. Diese Heterogenität nimmt unserer Erfahrung nach permanent zu. In Präsenztrainings ist das ein Riesenproblem. Anders bei Blended Learning: Du kannst die Lerner dort abholen, wo sie wissensmäßig stehen. Adaptives Lernen wird möglich, sofern Dein Lerndesign ein Selbststudium der Lerner vorsieht. Jeder Lerner lernt dann genau das, was er braucht.

BLENDED LEARNING ALS STRATEGISCHER ANSATZ

Brauchen wir das wirklich? Wir machen doch schon genug Trainings! Solche Bedenken von Stakeholdern wirst Du vielleicht kennen. Weise sie auf die strategische Bedeutung von Blended Learning für den Unternehmenserfolg hin, und die Überzeugungsarbeit wird Dir leichter fallen. Die folgenden Punkte helfen Dir beim Argumentieren:

HÖHERE WISSENSGESCHWINDIGKEIT ALS WETTBEWERBSVORTEIL

Blended Learning hilft, die Lernprozesse im Unternehmen zu beschleunigen. Die Informationen erreichen Deine Zielgruppen schneller, auch über Ländergrenzen hinweg. Denn von der Entwicklung einer Information bis in die Köpfe der Lerner dauert es nur noch einen Bruchteil der Zeit, verglichen mit klassischen Präsenzmethoden. Mal angenommen, Dein Unternehmen führt ein neues Produkt ein. Wenn Ihr den Vertrieb in sechs Monaten fit machen könnt, Eure Mitbewerber aber zwölf Monate brauchen, sichert Euch das einen klaren Vorsprung.

Der Druck auf Dein Unternehmen, sich zu wandeln und anzupassen, wird nicht abnehmen. Eher wird er noch ansteigen. Frage Dich also, wie Du Blended Learning nutzen kannst, um neues Wissen mit weniger Aufwand schneller im Unternehmen zu verbreiten. Es geht hier um den strategischen Beitrag von HR zum Unternehmenserfolg.

NEUE LERNKULTUR SICHERT DIE UNTERNEHMENSZUKUNFT

Der lernenden Organisation gehört die Zukunft. Diesen Spruch kennen wir alle. Doch was gehört dazu? Selbstverantwortlich lernende Mitarbeiter! Immer noch herrscht aber bei vielen Teilnehmern eine passive Konsumhaltung vor. Ok, mein Chef schickt mich aufs Seminar, dann mache ich das mal. Mit Blended Learning holst Du die Teilnehmer aus ihrer passiven Rolle heraus und machst sie zu aktiven Lernern. Denn Blended-Learning-Formate setzen auf die Selbstverantwortung des Lerners. Er darf weitgehend selbst entscheiden, wann und wo er lernt. Natürlich klappt diese Umstellung nicht über Nacht. Es ist ein Transformationsprozess, der dauert und weitreichende Anstrengungen erfordert.

Führe Dir also vor Augen, was es für Dein Unternehmen bedeutet, wenn dank Blended Learning und weiterer Maßnahmen eine neue Lernkultur entstehen soll, in der Mitarbeiter selbstverantwortlich Wissen aufnehmen und weitergeben.

Außer diesen beiden Haupteffekten gibt es noch eine Reihe von schönen Nebeneffekten, die strategisch relevant sind. Der schon bekannte Kostenspareffekt zum Beispiel. Oder der Qualitätseffekt, der sich daraus ergibt, dass sich Lerninhalte weltweit in hochwertiger Form verbreiten lassen, unabhängig von der jeweiligen Trainerqualität vor Ort.

DIE FÜNF REIFEGRADE VON BLENDED LEARNING

Blended Learning ist nicht gleich Blended Learning. Auf den Reifegrad kommt es an. Aus unserer Sicht gibt es fünf Reifegrade. Stell Dir dazu am besten ein Stufenmodell vor. Hier die fünf Reifegrad-Stufen im Überblick.

Kleine Aufgabe für Dich: Schau Dir das Modell noch einmal an und überlege Dir, welchen Reifegrad Ihr mit Euren Lernkonzepten bislang erreicht habt.

1. REIFEGRAD LOW

Präsenztrainings und digitale Formate stehen lose nebeneinander. Zu einem Thema wird beispielsweise ein E-Learning angeboten, und man kann alternativ oder zusätzlich an einem Präsenztraining teilnehmen.

2. REIFEGRAD BASIC

Hier steht das Präsenztraining im Mittelpunkt. Zum Beispiel erhält der Lerner vor dem Training per E-Mail ein PDF mit vorbereitenden Infos. Und im Nachgang gibt es zwei Web-Sessions, in denen der Trainer bestimmte Inhalte vertieft.

3. REIFEGRAD START

Fokus auf lernerzentriertes Design: Alles dreht sich um die Zielgruppe und ihre Bedürfnisse. Zunächst werden die Lernziele und die Lerninhalte festgelegt. Erst dann geht es an die Auswahl der Formate, die am besten passen.

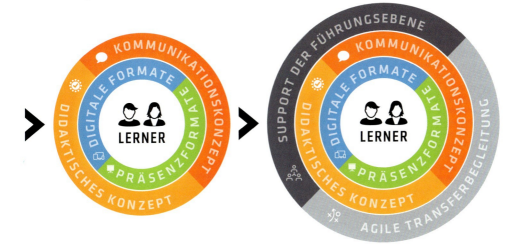

4. REIFEGRAD EXPERT

Zum lernerzentrierten Design kommt jetzt noch eine starke didaktische Verzahnung hinzu. Der Lerner erkennt einen roten Faden, der alle Komponenten verbindet und ihn zum Lernziel führt. Dazu gibt es eine begleitende Kommunikation, die ihn individuell abholt und seine Motivation mit immer neuen Impulsen füttert.

5. REIFEGRAD EXZELLENZ

Die höchste Form von Blended Learning. In der Transferphase entscheidet sich die Wirkung der gesamten Maßnahme, die exakt geplant und kein Zufallsprodukt sein sollte. Die Führungskräfte werden befähigt und motiviert, die Lerner im Alltag zu unterstützen und ihnen positive Erfahrungen zu ermöglichen. Exzellent ist, wenn aus allen Bausteinen eine perfekte Reise für den Lerner entsteht, die ihn sicher ans Ziel bringt.

NEUROWISSENSCHAFTLICHE GRUNDLAGEN

Blended Learning ist gut fürs Hirn. Aus neurowissenschaftlicher Sicht spricht nämlich eine Menge für den richtigen Mix aus digitalen und analogen Lernformaten.

Wenn wir in einem Präsenztraining mit Informationen zugekippt werden, stößt unser Aufnahmevermögen schnell an Grenzen. Ehrlich gesagt ist unser Arbeitsgedächtnis schon nach fünf Minuten so voll, dass es anfängt, Informationen wieder rauszuschieben. Sie haben also keine Chance mehr, ins Langzeitgedächtnis zu gelangen. Ein langer Seminartag löst demnach einen Abnutzungseffekt bei uns aus. Wir sind erschöpft und schalten auf Durchzug.

Auch machen Einmal-Interventionen wenig Sinn, wenn wir eine echte Verhaltensentwicklung erzielen wollen. Hier gilt wie so oft: Steter Tropfen höhlt den Stein. Zwischen drei und neun Monaten kann es dauern, bis ein neues Verhalten tatsächlich verankert ist.

Reicht es dann also, die Lerninhalte einfach monatelang zu wiederholen? Nicht ganz, unser Hirn ist da schon etwas anspruchsvoller. Wiederholungen durch eine Blended-Learning-Kette sorgen für eine höhere Stabilität des Wissens. Der Lerner wird im Umgang mit dem neu erworbenen Know-how souveräner. Aber auch Abwechslung ist dabei für unser Gehirn wichtig. Ein lernzielorientierter Formatmix – mal ein Video, mal ein Webinar, mal ein Coaching – regt die Verarbeitung und die Speicherung von Informationen an. Wir sehen, hören, lesen die gleiche Botschaft auf verschiedene Weisen, nehmen sie also über verschiedene Wahrnehmungskanäle wahr. Dadurch kann das Gehirn die Informationen besser verarbeiten, verknüpfen und verankern – sie bleiben besser hängen.

Übrigens, auch soziale Interaktion mag unser Gehirn. Sie hilft mit, das neue Wissen zu vertiefen. Präsenztrainings, Workshops und andere Treffen in der realen Welt sind also nach wie vor wichtig. Wir haben es ja schon immer gewusst: Bei einem Kaffee noch einmal über diesen oder jenen Inhalt zu quatschen, das macht Spaß und bringt wirklich mehr.

EIN PAAR ZAHLEN RUND UM UNSERE ARBEIT

129 Blended-Learning Consultants wurden bisher von uns ausgebildet und zertifiziert.

85 Projekte wurden mit unserem Vorgehensmodell bisher realisiert.

Abgelehnte Projekte: **1**

Lernbausteine pro Lernstrecke, durchschnittlich: **14**

Durchschnittlicher Zuwachs der Trainingsbudgets:

40 bis 50 %

WAS DU IN DIESEM KAPITEL GELERNT HAST:

WAS IST BLENDED LEARNING?

- die optimale Auswahl der Lernformate abhängig von den Lernzielen
- die clevere didaktische Verzahnung von Lernzielen und Formaten
- der Lerner erlebt seinen Lernfortschritt als Erfolgskurve

FÜNF ARGUMENTE FÜR BLENDED LEARNING

- die Wirksamkeit von Trainings steigt
- die Time-to-Market sinkt
- die Führungskräfte werden zeitlich entlastet
- das Portfolio lässt sich gezielt optimieren
- das adaptive Lernen wird unterstützt

BLENDED LEARNING ALS STRATEGISCHER ANSATZ

- die höhere Wissensgeschwindigkeit schafft einen Wettbewerbsvorteil
- selbstverantwortliches Lernen bedeutet eine neue Lernkultur
- die Innovationskraft im Unternehmen steigt

DIE FÜNF REIFEGRADE VON BLENDED LEARNING

- auf die Qualität der Umsetzung kommt es an
- je höher die Stufe, umso mehr rückt der Lerner ins Zentrum
- die höchste Stufe vereint lernerzentriertes Design, didaktische Verzahnung und umfassende Transferunterstützung

NEUROWISSENSCHAFTLICHE GRUNDLAGEN

- Blended Learning ist hirnfreundlich
- das Aufnahmevermögen wird nicht überfordert
- Wiederholungen sorgen für Wissensstabilität
- Formatmixe regen die Informationsverarbeitung an

2. DER BLENDED-LEARNING BAUKASTEN

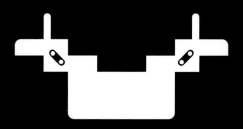

HIER ERFÄHRST DU,

- bei welchen Themen Du den Baukasten wie nutzen kannst.
- warum Du fehlende Erfahrung mit einer guten Methode kompensieren solltest
- wie der Baukasten aufgebaut ist.

FÜR JEDES THEMA DIE RICHTIGEN TOOLS

DER BLENDED-LEARNING BAUKASTEN

In diesem Kapitel schauen wir uns den Blended-Learning Baukasten einmal genauer an. Gleich vorab: Du brauchst dieses Tool nicht unbedingt, um gute Blended-Learning-Konzepte zu verwenden. Mit seiner Hilfe wollen wir Dir unser Vorgehensmodell veranschaulichen. Im Laufe des Buches kommen wir immer wieder auf ihn zurück. Wenn Du eigene Vorgehensmodelle entwickelt hast und bislang gut mit ihnen gefahren bist, dann nutze sie weiter. Betrachte die folgenden Ausführungen als Anregung, Deine Tools weiter zu verfeinern. Ebenso kannst Du natürlich auf Basis dieses Buches eigene Modelle und Methoden entwickeln. It's up to you!

Wenn Du mit dem Baukasten arbeitest, dreht sich alles um diese vier Poster: Management Summary, Learner Journey, Kommunikationsfahrplan und Transferdesign Toolkit. Aber nicht für jedes Projekt bzw. Thema sind alle vier Poster nötig. Manchmal reicht die Management Summary, für andere Projekte wiederum ist die gesamte Palette erforderlich, damit am Ende ein rundes Blended-Learning-Konzept draus wird. Anhand unserer Smart-Learning-Matrix zeigen wir Dir, für welches Thema Du welche Poster einsetzen solltest. Die Matrix selbst findest Du auf der folgenden Doppelseite. Sie hilft Dir, richtig an ein Thema heranzugehen und den Aufwand genau einzuschätzen. Dazu gibt es auf einen Blick weitere nützliche Tipps und Infos für Deine Konzeptionsarbeit.

Schauen wir uns zunächst an, welche Thementypen die Smart-Learning-Matrix abdeckt:

TYP 1 sind rechtliche Trainings. Hier werden Informationen vermittelt, meist im Rahmen einer einmaligen Maßnahme.

TYP 2 sind Prozess- und Softwaretrainings. Sie bilden die für den Arbeitsalltag wichtigsten Use Cases ab.

TYP 3 sind Fachtrainings. Die Lerner bekommen Wissen an die Hand, das sie im Alltag anwenden sollen.

TYP 4 sind Produkttrainings. Es geht darum, Produkte kennenzulernen und zu verstehen, welche Vorteile und welchen USP sie bieten, um dieses Wissen dann im Alltag anzuwenden.

TYP 5 sind Verhaltenstrainings. Sie vermitteln Wissen und sollen eine Verhaltensänderung beim Lerner bewirken.

TYP 6 sind Kulturtransformationen. Sie stellen die Funktionsweise eines Teams oder einer gesamten Organisation auf den Kopf und sollen sie neu ausrichten.

SMART-LEARNING-MATRIX

		TYP 1	TYP 2	TYP 3
KATEGORIE / *Beispiel*		Rechtliche Trainings / Kartellrecht	Prozess- und Softwaretrainings / Einführung Software	Fachtrainings / Agile Projektmanagement-Methoden
INNERE HALTUNG: LERNER		Das brauche ich nicht für meinen Alltag.	Ich will nur das Nötigste lernen.	Ich will nur das lernen, was mir hilft.
INNERE HALTUNG: FÜHRUNGSKRAFT		Das hat keine Prio bei meiner Führungsarbeit.	Ich will damit keine eigene zeitliche Belastung. Das soll einfach laufen.	Der Mitarbeiter soll so viel wie möglich lernen.
FOKUS-FRAGE		Wie kann man das Training möglichst kurz und schmerzarm für den Lerner machen?	Welche 20 % der Use Cases machen 80 % der Anwendungshäufigkeit aus?	Was ist nach dem Training im Alltag des Lerners anders als vorher?
KONZEPT-TIPPS		Einfache, klare, praktische Beispiele	Use-Case-basierte Aufbereitung der Inhalte	Berücksichtigung der unterschiedlichen Niveaustufen (adaptives Lernen)
DAUER		15–25 Minuten. Je kürzer, desto besser.	Eher kleinere Module à 4–7 Minuten	15–25 Minuten. Eher mehrere Module
YUMMY-TOOLKIT QUALITÄTS-KRITERIEN		EINFACH, SCHNELL, KLAR	PRAXISNAH, EINFACH, KLAR, MOTIVIEREND	RELEVANT, PRAXISNAH, KLAR, EINFACH
DOS		• Gute Kommunikation • Etwas Provokation • Geistige Brandstiftung	• Aus der Sicht der Lerner heraus formulieren • Reduktion auf die wichtigsten Cases • Inhalte „on demand" abrufbar machen	• Schneller Überblick, worum es geht • An Beispielen veranschaulichen
DON'TS		• Keine Inhalte, die Unsicherheit erhöhen • Kein Fachjargon • Kein Gefühl der Zeitverschwendung erzeugen	• Kein Zwang in der Lerngeschwindigkeit • Vollständigkeitsanspruch aufgrund fehlender Zielgruppenkenntnis	• Nicht zu viel Content. Lieber Vertiefungsoptionen anbieten • Nicht zu viel Fachjargon • Nicht zu viel Text

EINSATZ DES BLENDED-LEARNING BAUKASTENS

	TYP 1	TYP 2	TYP 3
MANAGEMENT SUMMARY	Soll	Soll	Muss
LEARNER JOURNEY	Kann	Soll	Soll
KOMMUNIKATIONSFAHRPLAN	Kann	Kann	Kann
TRANSFERDESIGN TOOLKIT	Nein	Nein	Kann

Hier kannst Du das Poster kostenlos bestellen

bit.ly/2AXRafL

TYP 4
Produkttrainings
Neue Produkteinführung

TYP 5
Verhaltenstrainings
Feedback geben

TYP 6
Kulturtransformationen
Digitalisierung

Ich brauche so viel, dass ich mich souverän fühle.	Was ist einfach umzusetzen?	Was soll das denn?
Der Mitarbeiter braucht so viel, dass er seinen Job besser macht.	Im Verhalten meines Mitarbeiters muss sich etwas verändern.	Wann sollen wir das denn noch machen?

- Welche 20 % der Informationen helfen dem Lerner in seinem Alltag, seinen Job besser zu machen?
- Wie kann der Lerner schnell in die positive emotionale Erfahrung des neuen Verhaltens kommen?
- Welche Etappensiege brauchen wir auf dem Weg zur neuen Kultur?

Klare Differenzierung zwischen „Have-to-know"- und „On demand"-Content	Den persönlichen Nutzen herausarbeiten inkl. der Konsequenzen des Nicht-Handelns vor Augen führen	Sinn. Sinn. Sinn. Praxisnah und in leicht verdaulichen Häppchen arbeiten, Vorhaben runterbrechen und Bezug zum Lerner herstellen

 15–25 Minuten. Eher mehrere Module

 3–6 Monate, je nach Thema und Historie

 9–18 Monate, je nach Thema und Historie

RELEVANT, PRAXISNAH, HOCHWERTIG	ALLE	ALLE

• Was machen wir besser als andere? • Welches Produktfeature hilft bei welchem Kundenbedürfnis? • Argumentationshilfen aufzeigen • Den Fokus nicht nur auf das Produkt legen, sondern auf den Anwendungsfall konzentrieren	• Social proof integrieren • Transferdesign nach dem Path-of-Mastery • Persönliches Vorgehensmodell für Verhaltensentwicklung finden	• Persönlichen Nutzen in den Vordergrund stellen • Angst vermeiden
• Vergessen, typische Einwände aufzulösen • Unnötige Wissensberge, die nicht praxisrelevant sind. Fokus auf die 20 %	• Naive Erwartungshaltungen, dass einmal geübtes Verhalten ausreicht • Überbewertung des Seminarerfolges	• Zu viele Buzzwords • Zu viel Unklarheit und Unsicherheit • Nähe zur Basis verlieren • Zu späte oder zu wenig Kommunikation

Muss	Muss	Muss
Soll	Muss	Muss
Kann	Muss	Muss
Kann	Muss	Muss

WELCHE POSTER SOLLTEST DU NUN FÜR WELCHES THEMA EINSETZEN?

Im unteren Bereich der Smart-Learning-Matrix siehst Du unsere Empfehlungen.

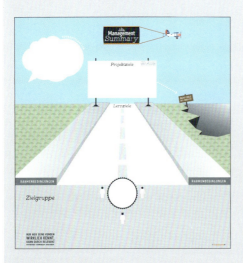 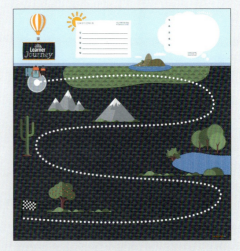

MANAGEMENT SUMMARY

Für Themen von Typ 1 und Typ 2 empfehlen wir sie Dir. Mit ihr sicherst Du ein gemeinsames Verständnis des Projekts bei allen Beteiligten. Ab Typ 4 ist sie ein unbedingtes Muss. Sonst droht die Gefahr, dass Ihr im Projekt aneinander vorbeidenkt und -entwickelt.

LEARNER JOURNEY

Bei Typ 1 ist sie optional. Sollte es sich um eine einmalige Intervention handeln, brauchst Du sie nicht. Aber sobald das Training aus mehreren Elementen besteht, hilft Dir die Learner Journey beim didaktisch sinnvollen Koppeln der einzelnen Teile. Ab Typ 2 empfehlen wir ihren Einsatz. Ab Typ 5 ist sie ein Muss, da solche Projekte sehr komplex sind und ihr ohne vorherige Planung nicht ans Ziel gelangt.

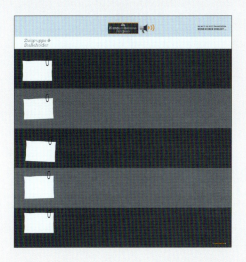
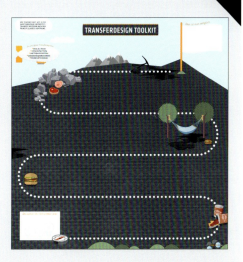

KOMMUNIKATIONSFAHRPLAN

Er ist bis Typ 4 optional. Kommunikation hat die Aufgabe, den Lerner zu informieren, ihn in den Lernprozess zurückzuholen und zu motivieren. Auch für das Einbinden der Stakeholder ist er hilfreich. Je komplexer Dein Projekt gerät und je mehr Kommunikationskanäle zu bespielen sind, umso notwendiger wird eine gute Planung. Deshalb raten wir Dir dringend, ab Typ 5 die Kommunikation mithilfe des Fahrplans sauber zu planen und zu orchestrieren.

TRANSFERDESIGN TOOLKIT

Für Trainings von Typ 1 und Typ 2 empfehlen wir Dir dieses Poster nicht. Erfahrungsgemäß entfaltet eine Transferkampagne ihr volles Potenzial bei Trainings, die auf eine Verhaltensänderung einzahlen. Ab Typ 3 ist die Transferplanung eine Kann-Option, ab Typ 5 dann ein Muss, damit Du und alle anderen Beteiligten genau wisst, von welchem Ausgangspunkt aus Ihr den Lerner zu welchem Ziel führen wollt.

WO ERFAHRUNG FEHLT, MUSS METHODE HER

Wir unterbrechen unsere Ausführungen über den Blended-Learning Baukasten für einen wichtigen Hinweis.

Hast Du schon richtig viel Erfahrung in Sachen Blended Learning und weißt genau, wie Du perfekte Lernkonzepte für diese oder jene Zielgruppe bauen kannst? Prima, dann mache weiter so. Hast Du diese Erfahrung nicht, dann brauchst Du die richtige Methode, die Dich zum Ziel führt. Eine Schritt-für-Schritt-Anleitung. Alles dazwischen wäre „Jugend forscht". Versuch und Irrtum also.

Wir raten Dir ab, bei Blended Learning herumzuexperimentieren. Gescheiterte Projekte schaden dem Image von Blended Learning in Deiner Organisation. Ein Misserfolg gewichtet dabei neunfach stärker als ein Erfolg. Das heißt: Du musst, wenn drei Projekte in die Hose gegangen sind, 27 Projekte erfolgreich und mit großartigem Feedback der Lerner ans Ziel bringen. Und selbst dann hast Du gerade mal den Schaden ausgeglichen, aber noch keinen Imagegewinn erzielt.

Also denk dran: Keine Erfahrung, keine Methode – das kann nur schiefgehen. Hol Dir besser Leute ins Team, die sich auskennen. Zertifizierte Blended-Learning Consultants zum Beispiel, von denen wir bereits knapp 100 ausgebildet haben. Oder Du orientierst Dich an einem bewährten Vorgehensmodell. Ein solches Modell teilen wir in diesem Buch mit Dir. Womit wir wieder beim Hauptthema des Kapitels wären, unserem Blended-Learning Baukasten.

AUFBAU DES BAUKASTENS

Werfen wir einen Blick ins Innere. Oder anders gesagt: Schauen wir uns an, wie Du den echten Koffer in Verbindung mit den Postern und dem Online-Methodenkoffer nutzen kannst.

Im Koffer selbst findest Du alle Materialien, um die Poster zu befüllen. In der Schritt-für-Schritt-Anleitung weisen wir darauf hin, welches Material Du jeweils brauchst. Also die Stifte, Stattys Notes, Lernzielkarten etc. Die Anleitung selbst zeigen wir Dir später im Buch ausführlich. Die Poster stellen wir Dir auf den folgenden Seiten einzeln vor.

Management Summary

KERNBOTSCHAFTEN

- Mit unserer neuen agilen Führungskultur wecken wir das Kreativpotenzial der Organisation, um gemeinsam nach vorne zu gehen und weiter zu wachsen.
- Die Länder entwickeln ihre kulturspezifischen Ausprägungen dieser neuen Führungskultur.
- Wir setzen bei der agilen Führungskultur auf nachhaltige Implementierung.

Projektziele

PROJEKTZIELE ZU ERREICHEN, BRAUCHT KLARHEIT UND STRATEGIE, UND NICHT GLAUBE UND HOFFNUNG.

1. Es wird eine neue agile Führungskultur implementiert, die den Erfolg der Scheuert AG & Co. KG durch Innovationskraft und höhere Entscheidungskompetenz nachhaltig sichert.
2. Die Führungkräfte werden zu Multiplikatoren und vermitteln den Mitarbeitern, dass diese samt ihres Potenzials der wichtigste Bestandteil innerhalb der neuen Führungskultur sind.

Lernziele

1. Die Führungskräfte kennen die Grundsätze agilen Führens und erarbeiten daraus eigene Prinzipien.
2. Die Führungskräfte erkennen die Vorteile einer agilen Führungskultur und den Nutzen für sich selbst.
3. Die Führungskräfte können die agilen Führungsprinzipien anwenden.
4. Die Führungkräfte vertreten überzeugend die neuen Führungsprinzipien.
5. Die Führungskräfte fördern Innovation und eigenverantwortliche Entscheidungen in ihrem Team.
6. Die Führungskräfte erkennen frühzeitig Widerstände der Mitarbeiter und können angemessen darauf reagieren.

RAHMENBEDINGUNGEN

1. Internetzugang/technische Ausstattung für Führungskräfte ist vorhanden.
2. Interne Ressourcen werden bei Bedarf bereitgestellt.
3. Start des Programms ist der 15.9., Ende offen.
4. Trainingssprachen: Deutsch, Englisch
5. Eine Abstimmung mit dem Mutterkonzern Helloway ist nicht nötig.
6. Es gibt noch kein Anforderungsprofil für Führungskräfte.
7. Es gibt 3 Führungsebenen, die beibehalten werden.

Zielgruppe

NUR WER SEINE KUNDEN WIRKLICH KENNT, KANN DURCH RELEVANZ MOTIVIERENDE LERNPRODUKTE KONZIPIEREN.

Du möchtest Dir die Poster in Groß anschauen? Dann lade sie Dir einfach hier herunter.

bit.ly/2RRdga2

Auf diesem und den drei folgenden Postern behandeln wir ein fiktives Beispiel: Ein Unternehmen will eine neue Führungskultur etablieren. Das Beispiel wird Dir auch in unserer Elf-Schritte-Anleitung immer wieder begegnen.

Das erste Poster ist die Management Summary. Sie zeigt, welches Projektziel Du erreichen willst. Welche Zielgruppen es gibt. Wie die Rahmenbedingungen aussehen. Und über welche Lernziele Du die jeweilige Zielgruppe innerhalb des vorgegebenen Rahmens von A nach B bringst. Anhand der Management Summary kannst Du herausfinden, ob alle Beteiligten ein klares gemeinsames Verständnis des Projekts teilen.

2. DER BLENDED-LEARNING BAUKASTEN   35

Das zweite Poster bildet die Learner Journey ab. Gute Blended-Learning-Konzepte sind immer aus Lernersicht entwickelt. Daher schweben über dem Journey-Pfad die Emotionen und Fragen der Zielgruppe. Sie können Dein Projekt beeinträchtigen, sofern Du sie nicht adressierst. Deshalb solltest Du sie immer im Blick behalten. Die eigentliche Reise des Lerners selbst ist auf dem Poster in Phasen unterteilt. Die roten Pfeile sagen Dir, welche Aufgabe jeweils im Fokus steht: Aufmerksamkeit, Erfahren, Trainieren etc. Jede Phase besteht aus mehreren Lernbausteinen. Die Präsenz-Bausteine sind grün und die Digital-Bausteine blau markiert. Auf jedem Baustein stehen das jeweilige Lernziel, der Nutzen sowie eine Referenz zu den Emotionen und Fragen der Zielgruppe, die angesprochen bzw. beantwortet werden. Oben links geht es für den Lerner los, unten am Zielfähnchen kommt er am Ende der Reise an.

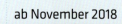 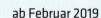

Kommunikationsfahrplan

Zielgruppe & Stakeholder	August bis September 2018	ab November 2018	ab Februar 2019
Alle	Trailer 1 — Auftakt-Video: Vorstellung der Change-Kampagne, Notwendigkeit erläutern und Nutzenargumente liefern		Vox Pops 4 — Die neuen agilen Führungsprinzipien: Bekanntgabe der neuen Prinzipien, Führungskräfte bekommen außerdem einen Kugelschreiber
Alle Führungskräfte			Vox Pops 3 — Best-of von Workshop 1: Zusammenschnitt mit Ergebnissen und Stimmen aus dem 1. Workshop
Ausgewählte Führungskräfte (Repräsentativer Querschnitt der Personas, Hierarchieebenen und Länder)		Brief 2 — Reisepaket: Rucksack mit inhaltlichen und organisatorischen Infos rund um die Study Tours, Nervennahrung o. Ä.	
Stakeholder	Mail 10 — Executive Summary: Information des Vorstands über Projektverlauf nach jeder Phase	Ongoing	
CEO	Give-away 10 — Jour fixe: Der CEO wird von der Chefin der Personalabteilung persönlich über seine Aufgaben und den Stand des Projekts informiert	Ongoing	

Das dritte Poster ist der Kommunikationsfahrplan. Du kannst zum einen alle relevanten Kommunikationsbausteine für den Lerner entsprechend der Learner Journey anordnen. Zum anderen kannst Du auch alle anderen Projektbeteiligten abbilden, damit Du siehst, wann Du mit welchen Stakeholdern kommunizieren solltest. Also, wann Du mit dem Vorstand sprechen musst bzw. bis zu welchem Zeitpunkt Du den Betriebsrat informiert haben musst.

Das vierte Poster ist das Transferdesign Toolkit. Wenn Du nachhaltiges Blended Learning schaffen willst, hast Du sicherlich eine Transferstrecke in der Learner Journey vorgesehen. Diese Transferstrecke kannst Du mit dem Toolkit bauen. Vom Today, also dem aktuellen Stand der Zielgruppe, hin zum Tomorrow, dem erwünschten Entwicklungsstand. Entlang der Strecke ordnest Du die verschiedenen Transferimpulse an, die Du Dir überlegt hast, um die Lerner sicher ans Ziel zu bringen.

Zusätzlich zu den Postern hast Du noch Zugang zu unserem *Online-Methodenkoffer* mit über 70 Methoden zu den Bereichen Präsenz, Digital und Kommunikation. Übrigens stellen wir Dir all diese Methoden auch detailliert in diesem Buch vor. Die Vorstellung und Links findest Du weiter hinten im Buch.

2. DER BLENDED-LEARNING BAUKASTEN 41

WAS DU IN DIESEM KAPITEL GELERNT HAST:

FÜR JEDES THEMA DIE RICHTIGEN TOOLS

- der Einsatz der Poster ist themenabhängig
- für einfache Trainings reicht meist die Management Summary
- komplexe Trainings mit Transferbegleitung erfordern alle vier Poster

WO ERFAHRUNG FEHLT, MUSS METHODE HER

- bei wenig Erfahrung mit Blended Learning ist methodisches Vorgehen elementar
- Misserfolge und Imageschäden lassen sich nur schwer ausbügeln

AUFBAU DES BAUKASTENS

- alle nötigen Materialien sind enthalten
- mit den vier Postern gelingen hochwertige Konzepte
- der Methodenkoffer unterstützt beim Umsetzen

3. BLENDED LEARNING RICHTIG EINFÜHREN

HIER ERFÄHRST DU,

- wie Du Widerständen gegen Blended Learning begegnen solltest.
- wie Du Deine Konzepte optimal vor Stakeholdern präsentierst.
- wie Du Stakeholder mit dem Trainingskompass überzeugst.
- wie Misserfolge Deine Arbeit verbessern können.
- wie Du den Windschatten von Vorstandsbabys nutzt.
- warum Du von Blended-Learning-Templates profitieren kannst.

WIDERSTÄNDEN OPTIMAL BEGEGNEN

Wenn du Blended Learning einführst, droht Dir von drei Seiten her Widerstand. Die Lerner, die Trainer und die Auftraggeber könnten Dir Probleme machen. Diese Widerstände sind nachvollziehbar, doch auch lösbar. Wir geben Dir ein paar Tipps, wie Du mit ihnen umgehen solltest, damit Du Deine ersten Projekte erfolgreich umsetzen kannst.

LERNERN LUST AUF SELBSTVERANTWORTUNG MACHEN

Plötzlich sollen sie selbstverantwortlich lernen. Das irritiert viele Lerner und bereitet ihnen Bauchschmerzen. In der passiven Lernerrolle war es doch so schön bequem. Warum jetzt diese Aufregung? Zwei Dinge sind nun wichtig. Erstens solltest Du kommunizieren, was es mit dem neuen Lernen à la Blended auf sich hat und welche persönlichen Vorteile es den Lernern bringt. Dadurch weckst Du eine individuelle Motivation beim Lerner, und die ist beim selbstverantwortlichen Lernen essenziell. Zweitens solltest Du den Lernern zeigen, wie man das selbstverantwortliche Lernen anpackt. Die Fähigkeit, ein E-Learning zu absolvieren, ist ja niemandem angeboren. Man muss es erst lernen. Also brauchen die Lerner Unterstützung und Aufklärung. Erkläre ihnen die Technik, mache sie fit in Methoden für effektives Selbstlernen, führe sie Schritt für Schritt an ihre neue Rolle heran. Dann werden sie nach und nach die Angst vorm Neuen verlieren.

TRAINER FÜR DIGITALE FORMATE BEGEISTERN

Keine große Überraschung. Die meisten Trainer sehen Blended Learning eher kritisch, weil sie fürchten, wegdigitalisiert zu werden. Hinter dieser Furcht verbirgt sich in der Regel eine tiefe Unkenntnis alles Technischen. Die kannst Du ihnen nehmen. Hilf ihnen aufs Pferd, indem Du sie kleine E-Learnings basteln oder kurze Videoclips drehen lässt. So verlieren sie die Scheu vorm Digitalen. Sie erkennen, wie sie digitale Formate in ihrer Arbeit nutzen und ihren Job sichern können. Und ihnen wird klar, dass sie sich dank Blended Learning wieder auf die wesentlichen Aspekte ihrer Arbeit konzentrieren können: aktives Üben, Interaktion und Austausch.

Alles, was digitalisiert werden kann, wird digitalisiert werden. Mit dieser Aussage lädst Du die Trainer – zugegeben etwas unsanft – dazu ein, über die eigene zukünftige Rolle nachzudenken. Es kann für sie nur positiv sein, eine Bandbreite an Formaten zu beherrschen. Trainer, die auch in digitaler Hinsicht fit sind, sichern sich einen Wettbewerbsvorteil.

AUFTRAGGEBER ZU REALISTISCHEN ERWARTUNGEN BEWEGEN

Viele Auftraggeber geben sich anfangs Illusionen hin. Sie erwarten unrealistische Ergebnisse von Blended Learning. 20 Prozent Umsatzwachstum durch ein kurzes E-Learning. Das klappt niemals. Zum Glück hast Du den Trainingskompass, um ihnen zu zeigen, was möglich ist. Dein Ziel sollte sein, die klaffende Lücke zwischen Budgetvorstellung und Ergebniserwartung zu schließen. Für nachhaltige Ergebnisse wird der Auftraggeber tiefer in die Tasche greifen müssen. Dank unseres Trainingskompasses und Deiner treffenden Argumente begreift er das sehr schnell. Den Kompass stellen wir Dir gleich vor.

KONZEPTE VOR STAKEHOLDERN PRÄSENTIEREN

Es mag jetzt nicht zu Deinen Lieblingsbeschäftigungen gehören, Stakeholder zu überzeugen. Das kann oft ein hartes Geschäft sein, wie Du vielleicht schon selbst erlebt hast. Aber wir machen es Dir einfacher. Aus unserer Sicht gibt es zwei Grundtypen von Stakeholdern. Je nach Typ solltest Du unterschiedlich präsentieren, um ans Ziel zu kommen. Wir zeigen Dir, wie.

TYP 1: DER OBERFLÄCHLICHE SCHNELLENTSCHEIDER

Er tut sich schwer mit Details. Sie langweilen und überfordern ihn. Ein gutes Gefühl zu bekommen, ist ihm viel wichtiger. Warum Tiefgang, wenn es auch oberflächlich geht?

So präsentierst Du richtig: Erkläre ihm die Management Summary ausführlich. Du gehst zügig alle wichtigen Punkte durch, ohne Dich in Details zu verlieren. Dies sind unsere Projektziele, diese Lernziele haben wir uns gesetzt, diese Rahmenbedingungen gilt es zu beachten, so sieht unsere Hauptzielgruppe aus etc. Die Learner Journey stellst Du ihm dann etwas geraffter vor. Du erklärst den grundsätzlichen Ablauf und vertiefst nur, falls der Stakeholder an einer Stelle nachhaken sollte. So gibst Du ihm einen schnellen Überblick über alles Wesentliche. Er gewinnt das Gefühl, dass Du genau weißt, was Du tust. Das beruhigt ihn und er vertraut Dir.

TYP 2: DER DETAILLIERTE MITDENKER

Eine ganz andere Nummer als Typ 1. Er will alles ganz genau verstehen, geht sehr schnell ins Detail. Aber was noch schwerer wiegt: Er hat eigene Ideen, die er unbedingt einbringen will.

So präsentierst Du richtig: Achtung, richte Dich auf eine etwas längere Präsentationsdauer ein. Diesem Stakeholder musst Du alles genau erklären. Gehe auf der Management Summary jeden Punkt mit ihm durch, erläutere, warum der jeweilige Punkt wichtig ist und was Ihr Euch dazu überlegt habt. Schon zum Einstieg solltest Du den Stakeholder zum Mitdenken und Weiterentwickeln einladen. Auch während der Präsentation sprichst Du ihn immer wieder darauf an und ermunterst ihn. Er wird das schätzen, denn er möchte unbedingt ein Teil des Ganzen sein. Die Learner Journey solltest Du ihm dann noch etwas ausführlicher als die Management Summary vorstellen. Das heißt wieder, jede Phase erläutern, die Zielsetzung und den Nutzen erklären etc. Fragen und Kommentare solltest Du aber erst am Ende der Präsentation zulassen, damit Du im Fluss bleibst. Wenn Du das alles beachtest, gibst Du dem Stakeholder das schöne Gefühl, dass er Einfluss nehmen und das Projekt zu seinem machen kann. Ergebnis: Er wird zu einem zuverlässigen Promoter des Projekts.

Noch ein Tipp, falls Du vor Stakeholdern beider Typen präsentieren musst: Richte Deine Präsentation an dem Typ aus, der Deiner Meinung nach den größten Einfluss auf das Gelingen des Projekts hat.

STAKEHOLDER ÜBERZEUGEN MIT DEM TRAININGSKOMPASS

Selbst mit dem besten Blended-Learning-Konzept und der besten Präsentation kann es Dir passieren, dass die Stakeholder den Wert und Sinn Deines Blended-Learning-Projekts anzweifeln. Wie kannst Du sie überzeugen? Wir haben da ein Laserschwert für Dich. Ehrlich gesagt ist es eher ein Kompass, aber Du verstehst schon, was wir meinen. Mit unserem Trainingskompass zerlegst Du jeden Zweifel laserscharf. Darth Bedenkenträger hat keine Chance gegen Dich!

Den Trainingskompass findest Du auf der folgenden Doppelseite abgebildet.

DER TRAININGSKOMPASS
SMARTE ORIENTIERUNG IM L&D-DSCHUNGEL

WIRKUNGS-KASKADE

 KENNEN　　 **WISSEN**　　 **KÖNNEN**

BUSINESS VALUE

 sehr gering　　 *gering*　　 *mittel*

BESCHREIBUNG

Die Teilnehmer kennen das Thema und konnten Teile davon schon als relevant erkennen.

Die Teilnehmer haben das Wissen parat und können es situativ abrufen.

Die Teilnehmer wissen, wie sie das Know-how gewinnbringend für sich und die Organisation einsetzen können.

NEURO-WISSENSCHAFT

„Kennen" bedeutet eine Auseinandersetzung auf einer niedrigen kognitiven Stufe. Da einmal gehört quasi vergessen ist, können die Teilnehmer das Wissen noch nicht situativ abrufen.

„Wissen" bedeutet, dass die Teilnehmer Wiederholungen der Inhalte brauchen. Je größer die Wiederholungsrate, desto höher der Merkeffekt. Dabei ist wichtig, dass der Zugang zur Information immer ein anderer ist. Denn dann sind weniger Wiederholungen nötig.

„Können" bedeutet, dass die Teilnehmer das Wissen mindestens einmal angewendet haben. Die Blockadehaltung zur Verhaltensänderung ist durch eine starke Nutzenvermutung und die positive Ersterfahrung minimiert. Das „Wie" ist glasklar und hinterlässt keine Unsicherheit durch Unklarheit mehr.

LERNSTRATEGIE UND DIDAKTIK

- Einmalige Bereitstellung von Informationen (Folien, E-Learning, Wissensmanagement)
- Keine Überprüfung, was die Teilnehmer damit machen

- 2-7 Wiederholungen von wichtigen Informationen
- Je mehr Vorwissen die Teilnehmer haben, desto weniger Wiederholungen
- Wissensüberprüfung, um sicherzustellen, was die Teilnehmer verstanden haben

- Teilnehmer in positive Erst-erfahrung bringen
- Niedrigschwelliger Einstieg, hohe Anwendungs- und sehr hohe Erfolgswahrscheinlichkeit beugen einer innerlichen Abwehr der neuen Verhaltensmuster vor

MÖGLICHE METHODEN

- FOLIEN IM SEMINAR
- E-LEARNING
- WISSENSMANAGEMENT

- ADAPTIVES LERNEN

- USE-CASE-BASIERTE LERNSZENARIEN
- SIMULATIONEN (DIGITAL, PRÄSENZ)

BEISPIELHAFTES PROJEKTZIEL

Die Teilnehmer kennen Feedbacktechniken.

Die Teilnehmer wissen, welche Feedbacktechniken es gibt und wofür diese gut sind.

Die Teilnehmer können Feedback anwenden.

ZITATE DER ZIELGRUPPE NACH DER MASSNAHME

„DAS HAB ICH SCHON MAL GEHÖRT."

„DAS KOMMT MIR BEKANNT VOR."

„ICH KENN MICH DAMIT GUT AUS."

„ZU DIESEM THEMA KANNSTE AUCH MICH FRAGEN."

„ICH WEISS, WIE ES GEHT."

„HABE ICH SCHON MAL GEMACHT."

Hier kannst Du das Poster kostenlos bestellen:
bit.ly/2DpgeOU

UMSETZEN
★★★★ hoch

ETABLIEREN
★★★★★ sehr hoch

TRANSFORMIEREN
★★★★★★ am höchsten

Zu dem Können kommt das Wollen dazu. Die Teilnehmer setzen das Wissen situativ richtig ein, aber noch nicht kontinuierlich.

Aus dem neuen Wissen und Verhalten sind bei den Teilnehmern Routinen geworden. Sie wenden diese reflexartig und mit geringer kognitiver Anstrengung an.

Das neue Wissen und Verhalten sind in die DNA übergegangen, bei den Teilnehmern und in deren Teams. Die Teilnehmer überzeugen auch andere Mitarbeiter von der Sinnhaftigkeit und animieren diese.

„Umsetzen" bedeutet, dass die Teilnehmer das neue Verhalten immer wieder, aber nicht regelmäßig anwenden. Sie setzen es um, weil sie eindeutig erkannt haben, was ihr persönlicher Mehrwert ist und sie ein starkes persönliches Motiv, also einen „Beweg-Grund", haben.

„Etablieren" heißt, dass das neue Verhalten Teil des Alltags ist. Die Teilnehmer haben es also geschafft, das neue Verhalten zwischen bestehenden Routinen einzupflanzen, oder genügend Disziplin aufgebracht, das Verhalten als Standard im Unterbewusstsein zu implementieren. Es nicht mehr zu machen, fühlt sich ab jetzt komisch an.

„Transformieren" bedeutet, dass sich Denken und Verhalten im Team verändert haben. Damit dies gelingt, müssen die Führungskräfte auf die Widerstände der „Dagegens", die es in jedem Team gibt, vorbereitet sein. Es ist wichtig, dass sie Widerstände entkräften und Unbehagen auflösen. Dann können sie das Gefühl von Sicherheit fördern und ihre Absichten nachvollziehbar darstellen, um das ganze Team mitzunehmen.

- Intelligentes Transferdesign
- Bequemlichkeiten frühzeitig identifizieren und ihnen vorbeugen
- Rückfälle in alte Verhaltensmuster vermeiden

- Persönliches Coaching der Teilnehmer, um individuelle Blockaden zu identifzieren und zu meistern

- Analyse der emotionalen Historie des Teams
- „Aufräumen" mit Altlasten
- Unausgesprochene Konflikte identifizieren und auflösen

- PERS. TRANSFERPLANUNG
- TRANSFER-APP
- PERFORMANCE SUPPORT

- COACHING
- SELF-COACHING

- TEAMENTWICKLUNGSWORKSHOP
- TEAM-COACHING

Die Teilnehmer haben die persönlichen Vorteile von Feedback für sich identifiziert und bekennen sich eindeutig dazu, dass sie Feedback etablieren werden.

Die Teilnehmer haben es geschafft, Feedback als ein Führungsinstrument gewinnbringend für sich und das Team als Standard zu etablieren.

Die Führungskraft lebt Feedback als Vorbild, sodass es vom Team wertschätzend als Teamstandard akzeptiert und gelebt wird.

„ICH WERDE DAS UMSETZEN, WEIL ES MIR HILFT."

„ICH NUTZE ES IN MEINEN TÄGLICHEN ROUTINEN."

„DAS IST BESTANDTEIL UNSERES TEAM-VERSTÄNDNISSES."

© BILDUNGSINNOVATOR.DE

Anhand des Trainingskompasses kannst Du den Stakeholdern vor Augen führen, welche Wirkung Du bei den Teilnehmern erzielen willst, welcher Aufwand dafür erforderlich ist und welchen Wert die Maßnahme schafft. Du räumst unter anderem mit der naiven Annahme auf, dass eine Einmal-Intervention reicht, um das Verhalten von Lernern nachhaltig zu verändern.

Aufgebaut ist der Trainingskompass nach dem Prinzip einer Wirkungskaskade. In der obersten Reihe sind sechs Wirkungen auf den Lerner aufgelistet, von „Kennen" über „Können" bis „Transformieren". Unterhalb der jeweils angestrebten Wirkung findest Du Infos, die Dir beim Argumentieren helfen.

HIER EIN ÜBERBLICK ÜBER ALLE ACHT REIHEN:

WIRKUNGSKASKADE:	Welchen Wirkungsgrad erreiche ich beim Lerner?
BUSINESS VALUE:	Welchen Impact hat eine Maßnahme auf dieser Stufe?
BESCHREIBUNG:	Was steckt dahinter? Was passiert beim Lerner?
NEUROWISSENSCHAFT:	Warum ist das so? Was passiert im Gehirn? Was sind die neurowissenschaftlichen Hintergründe?
LERNSTRATEGIE & DIDAKTIK:	Wie gehe ich bei der Konzeption vor? Was muss ich beachten, um mein Ziel zu erreichen?
MÖGLICHE METHODEN:	Mit welchen Methoden kann ich mein Ziel erreichen?
BEISPIELHAFTES PROJEKTZIEL:	Wie kann ein Projektziel lauten, mit dem ich diesen Wirkungsgrad erziele?
ZITATE DER ZIELGRUPPE:	Wie könnten die Lerner untereinander über das Projekt reden (Stichwort Flurfunk)?

Schauen wir uns einmal an, wie der Kompass funktioniert.

Beispiel „Kennen": Wenn Du lediglich erreichen willst, dass der Lerner einen bestimmten Inhalt kennt, dann reicht ein E-Learning oder ein Video. Ein Lerner-Zitat nach der Maßnahme könnte sein: „Das hab ich schon mal gehört."

Völlig anders sieht es aus, wenn ein bestimmtes Verhalten bei ihm etabliert sein soll. Dann bist Du auf der Stufe „Etablieren". Hierfür braucht es eine ganze Reihe von Elementen, die klug miteinander verzahnt sind, ein richtig rundes Blended-Learning-Konzept also. Mögliches Lerner-Zitat in diesem Fall: „Ich nutze es in meinen täglichen Routinen."

Wir können Dir diesen Trainingskompass nur ans Herz legen. Wir haben viele gute Erfahrungen mit ihm gesammelt. In der internen Beratung reißt Du mit ihm viel raus. Richtig eingesetzt gewinnst Du mit diesem argumentativen Tool selbst hartnäckige Widersacher für Deine Sache.

MIT MISSERFOLGEN CLEVER UMGEHEN

Wenn Du unser bewährtes Vorgehensmodell mit dem Blended-Learning-Baukasten umsetzt, werden Dir Misserfolge erspart bleiben. Denkste! Es ist nun mal so, dass immer etwas passieren kann. Ein Misserfolg ist dabei keine Naturkatastrophe, sondern im Prinzip nur eine Abweichung vom Erwarteten. Wenn eines Deiner Projekte nicht so geklappt hat wie erwartet, solltest Du in die Ursachenanalyse gehen.

Schau Dir noch einmal jeden einzelnen Schritt in der Konzeption an, den Du gemacht hast. Wo habt Ihr eventuell etwas falsch eingeordnet, nicht gefragt, missverstanden, übersprungen etc.? Die gewonnenen Erkenntnisse sind sehr wertvoll und sollten von Dir intern kommuniziert werden. Sie helfen Dir und Deinem Team, beim nächsten Projekt alles besser zu machen.

Schuldzuweisungen wären jedenfalls keine Lösung. Sie vergiften nur das Klima und bauen Widerstände auf. Es sollte allein darum gehen, das Elf-Schritte-Modell für Euren Kontext zu verfeinern und mit Eurer Erfahrung anzureichern. So formt Ihr im Laufe der Zeit ein Vorgehensmodell, das spezifisch an die Bedingungen und Anforderungen Eurer Organisation angepasst ist.

Übrigens: Falls Du aufgrund Deiner Erfahrungen zur Ansicht gelangst, dass man unser Modell hier und da noch optimieren könnte, freuen wir uns auf Dein Feedback.

DEN WINDSCHATTEN VON VORSTANDSBABYS NUTZEN

Es gibt einen tollen Weg, wie Du Blended Learning auf sehr hohem Niveau realisieren kannst. Und zwar hilft es, wenn Du Dir ein sogenanntes Vorstandsbaby suchst. Was das ist? Das sind die Lieblingsprojekte des Vorstands. In den allermeisten Fällen sind es Change-Projekte, es geht um Transformation der Unternehmens- und Führungskultur und Ähnliches. Solche Projekte sind wie geschaffen, um die Stärken von Blended Learning zu beweisen.

Denn wenn Change-Projekte scheitern, liegt es meist daran, dass die Mitarbeiter nicht mitgenommen wurden. Gut gemachtes Blended Learning ist da Erfolg versprechender, weil es auf einem cleveren Learning Experience Design basiert, in dem der Lerner im Mittelpunkt steht. Wir können die Mitarbeiter über einen längeren Zeitraum hinweg informieren, einbinden und entwickeln. Wir holen sie dort ab, wo sie stehen.

Wir nehmen ihre Ängste, Sorgen und sonstigen Emotionen ernst. Und wir können uns genau überlegen und dann planen, wo sie am Ende des Projekts stehen sollen. Wenn Du Deinem Vorstand all das vor Augen führst, wird er Dir grünes Licht geben.

So ein Vorstandsbaby hat einen weiteren großen Vorteil: Es steckt in der Regel ein ordentliches Budget dahinter. Denn der Vorstand hat ein großes Interesse am Gelingen des Projekts. Sein Image und gegebenenfalls seine weitere Karriere im Unternehmen hängen mit davon ab. Den Faktor Budget solltest Du bei Blended Learning nie unterschätzen. Viele herkömmliche Trainingsbudgets reichen einfach nicht aus, um wirklich zu Ende gedachte Blended-Learning-Strecken zu bauen. Dafür braucht es schon Mission-critical-Projekte.

Auch die Rahmenbedingungen sind bei einem Vorstandsbaby meist weniger eng gesteckt. Vor allem in Sachen Technik bzw. IT erleben wir das immer wieder. Oft scheitert Blended Learning an technischen Hürden. Wenn der Vorstand ein Projekt pusht, ändert sich das meist. Dinge gehen plötzlich, die vorher undenkbar waren.

Du siehst also, ein Vorstandsbaby kann Blended Learning in Eurem Unternehmen mit Riesenschritten nach vorne bringen. Also ein echtes State-of-the-Art-Projekt.

VON BLENDED-LEARNING-TEMPLATES PROFITIEREN

Du musst das Rad nicht jedes Mal neu erfinden. Bestimmte Trainingstypen wirst Du wahrscheinlich immer wieder bearbeiten dürfen. Denken wir an Softwaretrainings. Wäre es da nicht schön, eine Vorlage zu haben, die Du nur noch geringfügig anpassen musst? Blended-Learning-Templates sind genau das, was Du brauchst. Mit ihnen sparst Du viel Zeit und Energie.

Im Prinzip handelt es sich bei solchen Templates um vorab ausgefüllte Poster für die Management Summary und die Learner Journey. Alle wichtigen Felder sind eingetragen, die Lernbausteine sind bereits ausgewählt und in eine sinnvolle Abfolge gebracht. Diese Vorarbeiten helfen Dir, Dein aktuelles Projekt schneller zu konzipieren. Die Ersparnis beträgt unserer Erfahrung nach bis zu 50 Prozent. Wir zeigen Dir auf den folgenden Seiten ein Beispiel, wie Templates für ein Softwaretraining aussehen könnten.

Management Summary

KERNBOTSCHAFTEN

Projektziele

PROJEKTZIELE ZU ERREICHEN, BRAUCHT KLARHEIT UND STRATEGIE, UND NICHT GLAUBE UND HOFFNUNG.

Lernziele

- Trainingssprache: Deutsch
- Timing für das Roll-out muss noch abgestimmt werden.
- Rahmenbedingungen und Lernziele projektspezifisch ergänzen
- Was bringt mir diese Software?
- Wo kann ich mehr erfahren?
- Es können keine neuen Tools eingeführt werden.
- Learning on Demand muss möglich sein.
- Wie nutze ich die Grundfunktionen?
- Wo kann ich Sonderfunktionen nachschlagen?

RAHMENBEDINGUNGEN

Zielgruppe

NUR WER SEINE KUNDEN WIRKLICH KENNT, KANN DURCH RELEVANZ MOTIVIERENDE LERNPRODUKTE KONZIPIEREN.

HIER KERNBOTSCHAFTEN EINFÜGEN

HIER PROJEKTZIELE EINFÜGEN

RAHMENBEDINGUNGEN

EMOTIONEN

GUTE LERNDESIGNS LÖSEN
IM LERNPROZESS SICHER.

1. Angst vor Fehlern
2. Unsicherheit
3. Sorge um Kundenzufriedenheit
4. Genervt, wieder ein neues Tool erlernen zu müssen
5. Unbehagen, die Komfortzone verlassen zu müssen

Phase 1 — Grundlagen

Baustein 1 — Animiertes Video: Was kann die neue Software?

Nutzen: Grundfunktionen der Software kennenlernen und Nutzen verstehen

Zahlt ein auf: X WISSEN — VERHALTEN — X EINSTELLUNG
EMOTIONEN: 3,4 — GEDANKEN: 1,2,3,4

Baustein 3 — Prozesssimulation: Wie fit bin ich schon? (optionaler Baustein)

Nutzen: Fördert die Selbstwirksamkeit und Souveränität der Teilnehmer

Zahlt ein auf: X WISSEN — VERHALTEN — EINSTELLUNG
EMOTIONEN: 1,2,5 — GEDANKEN: 5

Phase 2 — Transfer in die Praxis

Baustein 4 — Umfrage: Wo fehlt noch Unterstützung?

Nutzen: Teilnehmer können vorab auf Gestaltung und inhaltliche Ausrichtung der Q&A-Session und der Wissensdatenbank Einfluss nehmen

Zahlt ein auf: WISSEN — VERHALTEN — X EINSTELLUNG
EMOTIONEN: 1,2 — GEDANKEN: 5

Baustein 5.1 — Webinar: Q&A-Session (Option 1)

Nutzen: Sicherheit in Bezug auf die wichtigsten Use Cases

Zahlt ein auf: X WISSEN — VERHALTEN — X EINSTELLUNG
EMOTIONEN: 1,2,3,5 — GEDANKEN: 2,3,5

Baustein 6 — Wissensdatenbank: Welche Funktionen bietet die neue Software?

Nutzen: Möglichkeit, jederzeit schnell und einfach nachzulesen, welche Funktionen die Software bietet

Zahlt ein auf: WISSEN — VERHALTEN — X EINSTELLUNG
EMOTIONEN: 1,2 — GEDANKEN: 5

Phase 3 — Etablieren

WANN SIND TEMPLATES SINNVOLL?

- Bei Trainingstypen, die immer ähnlich geartet sind, wie Software- oder Produkttraining

- Bei gleichbleibenden Zielgruppen

- Bei Themen, die ähnliche Emotionen bei der Zielgruppe auslösen

So sparst Du Dir Zeit und kannst mit einem soliden Fundament direkt in die Konzeption einsteigen.

WAS DU IN DIESEM KAPITEL GELERNT HAST:

WIDERSTÄNDEN OPTIMAL BEGEGNEN

- Lernern Lust auf Selbstverantwortung machen
- Trainer für digitale Formate begeistern
- Auftraggeber zu realistischen Erwartungen bewegen

KONZEPTE VOR STAKEHOLDERN PRÄSENTIEREN

- Stakeholder lassen sich typgerecht überzeugen
- Schnellentscheider brauchen einen groben Überblick, aber keine Details
- bei Mitdenkern sollte man ausführlich erklären und sie aktiv einbinden

---

STAKEHOLDER ÜBERZEUGEN MIT DEM TRAININGSKOMPASS

- der Kompass hilft, den Projektaufwand zu veranschaulichen
- ideal für das Argumentieren gegenüber den Stakeholdern

MIT MISSERFOLGEN CLEVER UMGEHEN

- Misserfolge sind Abweichungen vom Erwarteten
- jeden der elf Schritte nochmals durchgehen und Fehler analysieren
- auf Basis der gesammelten Erfahrung das Vorgehensmodell verfeinern

DEN WINDSCHATTEN VON VORSTANDSBABYS NUTZEN

- Change-Projekte des Vorstands sind ideal für Blended Learning
- dank hoher Wirksamkeit lässt sich der Vorstand schnell überzeugen
- die Budgetlage ist in der Regel optimal
- einschränkende Rahmenbedingungen sind aufgeweicht

VON BLENDED-LEARNING-TEMPLATES PROFITIEREN

- bei wiederkehrenden Projekten kann man Vorlagen nutzen
- sie lassen sich leicht anpassen und helfen Zeit und Kosten zu sparen

TEIL B
DAS LERNDESIGN

4. DAS VORGEHENSMODELL IM ÜBERBLICK

---— HIER ERFÄHRST DU, ———

- wie Dich die elf Schritte unseres Modells zum Projekterfolg bringen.
- wie Dir unser Methodenkoffer auf diesem Weg helfen wird.

WARUM DIESES VORGEHEN?

Du willst ein Blended-Learning-Konzept entwickeln? Eine schöne Aufgabe und Herausforderung. Wie Du dabei am besten vorgehst, erklären wir Dir in unserer Elf-Schritte-Anleitung.

Elf Schritte? Müssen es denn so viele sein, wirst Du jetzt vielleicht denken. Und ist es wirklich nötig, einen Schritt nach dem anderen zu machen? So eine kleine Abkürzung hier und da sollte doch drin sein, oder?

Klare Antwort: Ja, es müssen elf Schritte sein. Und Du solltest sie wirklich in der richtigen Reihenfolge und ohne Auslassungen durchgehen.

Für dieses Vorgehen sprechen viele gute Gründe. In den letzten Jahren haben wir zahlreiche Blended-Learning-Konzepte entwickelt. Wir haben Fehler gemacht, aus diesen gelernt, und unsere Erfahrungen in den Blended-Learning Baukasten einfließen lassen. Das heißt also, der Baukasten steckt randvoll mit praxisbewährtem Know-how. Das Vorgehen in elf Schritten haben wir zusätzlich verprobt: in Workshops mit aktuell mehr als 200 Teilnehmern. Und in unseren Ausbildungskursen zum zertifizierten Blended-Learning-Experten mit bislang fast 100 Teilnehmern.

Daher können wir mit Fug und Recht behaupten: Unser Vorgehensmodell hat sich bewährt.

Die elf Schritte geben Dir Sicherheit. Du klärst die richtigen Fragen zum jeweils richtigen Zeitpunkt. Böse Überraschungen bleiben Dir erspart. Einbindung des Betriebsrats vergessen? Videos produziert, aber nicht an internationale Sprachversionen gedacht? Emotionale Blockaden der Lerner nicht bedacht? Solche und andere Patzer passieren Dir dank der elf Schritte garantiert nicht.

Auch Deine Zielgruppen verstehst Du dank der elf Schritte viel besser. Schritt für Schritt lernst Du sie genauer kennen und kannst ein Lerndesign entwickeln, das ihren Bedürfnissen wirklich gerecht wird.

Überzeugt? Im nächsten Kapitel starten wir mit den ersten vier Schritten. Die weiteren sieben Schritte findest Du in den Kapiteln 6 bis 8. Zuvor aber noch ein paar Anmerkungen zu unserem Methodenbaukasten.

① PROJEKTZIELE FESTLEGEN
Warum Projektziele essenziell sind und wie Du sie formulierst, Seite 69

② ZIELGRUPPEN DEFINIEREN UND PERSONAS ENTWICKELN
Welche Zielgruppen es gibt und wie sie sich unterscheiden, Seite 71

③ RAHMENBEDINGUNGEN FORMULIEREN
Warum Rahmenbedingungen von Anfang an so relevant sind, Seite 74

④ LERNZIELE DEFINIEREN
Mit Groblernzielen die Lerner zum Projektziel führen, Seite 75

⑤ EMOTIONEN UND GEDANKEN FORMULIEREN
Mit Emotionen und Gedanken in den Kopf der Zielgruppe kommen, Seite 81

⑥ LERNDESIGN ENTWERFEN
Schritt für Schritt die Learner Journey entwickeln, Seite 83

⑦ KOMMUNIKATIONSFAHRPLAN ENTWERFEN
So sendest Du zur richtigen Zeit die richtigen Botschaften, Seite 90

⑧ BAUSTEINE IN DIE LEARNER JOURNEY INTEGRIEREN
So bringst du Kommunikations- und Lernbausteine in eine stimmige Reihenfolge, Seite 92

⑨ KERNBOTSCHAFTEN FORMULIEREN
Welche Botschaft auf jeden Fall bei den Lernern ankommen soll, Seite 93

⑩ DEN YUMMY-CHECK DURCHFÜHREN
Wie du das Training an den Yummy-Qualitätskriterien misst, Seite 113

⑪ 360-GRAD-BEWERTUNG DURCHFÜHREN
So stellst Du ein rundes Trainingsdesign sicher, Seite 124

KURZE EINFÜHRUNG INS THEMA METHODEN

Methoden sind Dein Handwerkszeug beim Konzipieren. Bist Du Dir manchmal unsicher, welche Methoden Du für welches Lernziel einsetzen solltest? Dann haben wir etwas für Dich: In unserem Methodenkoffer findest Du mehr als 70 Methoden aus den Bereichen Digital, Präsenz und Kommunikation.

Über 70 Methoden, das klingt erst mal unübersichtlich. Aber keine Angst, wir sorgen für Überblick und leichtes Verständnis. Am Ende des Buches stellen wir Dir alle Methoden ansprechend aufbereitet vor. Wir zeigen Dir, welche Methode sich für welches Lernziel eignet. Hierfür liefern wir Dir mehr als 200 Anwendungsideen. Du erfährst also genau, wie Du die Methoden gezielt auswählst und anwendest. So haben wir unsere Methoden eingeteilt:

Methoden für digitale Bausteine	**Methoden für Präsenzbausteine**	**Methoden für Kommunikationsbausteine**
Digitale Lernformate wie E-Learnings, Learning Nuggets, Webinare usw.	Alle Formate für den direkten Austausch mit Menschen in persönlichen Sessions	Alle Formate für die kommunikative Begleitung der Lerner vor, während und nach der Maßnahme
Ab Seite 189	*Ab Seite 230*	*Ab Seite 298*

WAS DU IN DIESEM KAPITEL GELERNT HAST:

WARUM ELF SCHRITTE?

- sie basieren auf langjähriger Erfahrung und einem erprobten Modell
- die Reihenfolge ist einzuhalten, kein Schritt darf ausgelassen werden
- sie geben Orientierung und helfen, Fehler zu vermeiden

KURZE EINFÜHRUNG IN DIE METHODEN

- mehr als 70 Methoden für das perfekte Lerndesign,
- eingeteilt in die Kategorien Digital, Präsenz und Kommunikation

5. DIE MANAGEMENT SUMMARY ERSTELLEN

HIER ERFÄHRST DU,

- wie Du die Projektziele festlegst.
- worauf es beim Definieren der Zielgruppen und beim Entwickeln der Personas ankommt.
- warum es so wichtig ist, Rahmenbedingungen zu formulieren.
- wie Du die Lernziele grob definierst.

1/11 SCHRITT 1: PROJEKTZIELE FESTLEGEN

Legen wir los mit dem Erstellen der Management Summary. Der erste Schritt unserer Elf-Schritte-Anleitung ist einer der spannendsten, aber auch einer der schwierigsten. Du definierst die Ziele Deines Projekts. Was willst Du genau erreichen? Je präziser Du die Ziele umreißen kannst, umso besser. Unscharfe Ziele stiften nämlich viel Chaos und Verwirrung. Ein ganz praktisches Beispiel, um das zu veranschaulichen: Du verabredest Dich mit ein paar Freunden zum Essen. Irgendwo in Deutschland – das wäre ein sehr unscharfes Ziel. Wie wäre es mit Düsseldorf? Schon besser, weil präziser. Aber in welchem Lokal, an welchem Tag, zu welcher Uhrzeit? Erst wenn Ihr das alles festgelegt habt, ist Euer Ziel wirklich messerscharf formuliert.

Investiere also genügend Zeit, um das Projektziel klar zu formulieren. So ersparst Du Dir eine Menge Ärger und unnötigen Zeitaufwand in den Feedback-Loops. Hast Du ein Ziel definiert, dann teste es auf Klarheit: Lass ein paar Leute aus Deinem Team ihr jeweiliges persönliches Verständnis des Projektziels in ein paar Zeilen aufschreiben. Falls die Beschreibungen Deiner Kollegen zu weit auseinanderliegen, weißt Du, dass das Ziel noch nicht klar genug definiert ist. Es sollte bei allen Beteiligten ein gemeinsames Zielbild im Kopf entstehen.

Zwei gute Tipps fürs Formulieren des Projektziels: Frage Dich, was sich nach der Maßnahme für den Lerner in dessen Arbeitsalltag geändert hat und zu welcher Wirkung das führt. Diese Frage gibt Dir die richtige Perspektive und bringt Dich sicherlich auf einige gute Ideen.

Außerdem ist die Toyota-Methode der „fünf Warums" sehr hilfreich. Du fragst fünf Mal nach dem Warum und arbeitest Dich so bis zum Kern des Problems vor:

1. **Warum** will ich die Mitarbeiter entwickeln? Damit sie selbstständiger arbeiten.
2. **Warum** sollen sie selbstständiger arbeiten? Damit sie eigene Projekte ohne fremde Hilfe umsetzen.
3. **Warum** sollen sie eigene Projekte ohne fremde Hilfe umsetzen? Damit die Führungskräfte entlastet werden.
4. **Warum** sollen die Führungskräfte entlastet werden? Damit sie mehr Zeit für strategische Aufgaben gewinnen.
5. **Warum** sollen sie mehr Zeit für strategische Aufgaben gewinnen? Damit sie die Kulturtransformation des Unternehmens vorantreiben können.

Das Formulieren von Vertriebszielen ist meistens leichter, weil hier mit Zahlen gearbeitet wird: „Mit den neuen Cross-Selling-Techniken reduzieren wir die Kundenbesuchszeiten um 15 Prozent und erhöhen gleichzeitig die Umsätze um 7,5 Prozent binnen eines Jahres." Du siehst: sehr klar und präzise.

Bei Verhaltenszielen ist es schon schwieriger. Hier ein paar gute Beispiele, die einen guten Grad an Klarheit produzieren, aber dennoch nicht immer eindeutig messbar sind:

- „Unsere Führungskräfte lieben und leben die agilen Methoden, weil Mitarbeiter durch die neue Mitgestaltungskultur mehr Verantwortung übernehmen und die Führungskräfte bedeutend entlasten."

- „Unsere neue Fehlerkultur ermöglicht uns mutigere Innovationen, weil wir unsere Energie nicht mit Schuldzuweisungen verschwenden, sondern in die Sicherung der Erfahrungen investieren."

- „Die neue Lern- und Wachstumskultur küsst die natürliche Vorwärtsenergie unserer Kollegen wieder wach, um die Leistungsfähigkeit der Teams zu erhöhen."

- „Unsere neue Start-up-Denke führt zu mehr kreativem Freiraum, der wertstiftend für die Erfüllung der zentralen Kundenbedürfnisse eingesetzt wird."

- „Die digitale Transformation stellt sicher, dass wir als bester Kundenbedürfniserfüller am Markt gesehen werden, was uns die Kunden mit Loyalität und einem Net Promoter Score von 96 Prozent danken."

Auf dem in Kapitel 3 vorgestellten Trainingskompass-Poster findest Du übrigens Beispiele, wie man Projektziele abhängig vom gewünschten Wirkungsgrad beschreibt.

Formuliere Dein Projektziel glasklar und schreibe es auf. Dieses Ziel haben Du und Deine Teammitglieder jetzt deutlich vor Augen. Dort wollt Ihr also hin. Und wohin wollt Ihr nicht? Auch die Nicht-Ziele des Projekts solltest Du formulieren und aufschreiben, damit keine Missverständnisse und falschen impliziten Erwartungen entstehen. Nicht-Ziele könnten sein: Neue agile Technologien einführen. Mitarbeiter trainieren. Veränderung der Unternehmensstruktur. So grenzt Du das Projekt klar zu mehreren Seiten hin ab und schaffst noch mehr Klarheit, wohin die Reise gehen soll.

Noch ein Tipp: Falls der Fokus Deines Projekts unklar bleibt, kann es helfen, drei Projektziele zu formulieren, und dann das Ziel mit dem höchsten Anziehungsgrad zu wählen.

BLENDED-LEARNING BAUKASTEN: SO GEHT'S

SIEHE S. 34/35

DER BLENDED-LEARNING BAUKASTEN

Schreibe Dein Projektziel auf eine Stattys Note und klebe diese auf das große Feld in der Mitte des Management-Summary-Posters. Dort könnte jetzt zum Beispiel als Zielsetzung stehen: „Die Führungskräfte werden zu Multiplikatoren und vermitteln den Mitarbeitern, dass diese samt Ihres Potenzials der wichtigste Bestandteil der neuen Führungskultur sind." Rechts auf dem Poster ist der entsprechende Platz für die Nicht-Ziele vorgesehen.

2/11 SCHRITT 2: ZIELGRUPPEN DEFINIEREN UND PERSONAS ENTWICKELN

Der zweite Schritt. Du legst fest, an wen sich die Maßnahme wenden soll. Zielgruppen werden oft sehr theoretisch und abstrakt beschrieben, dadurch bleiben sie schwer greifbar. Viel leichter fällt Dir das Hineindenken in Deine Zielgruppen, wenn Du Personas entwickelst. Persona-Karten helfen Dir dabei.

bit.ly/2EfV7lK

Zunächst listest Du alle relevanten Abgrenzungskriterien auf, durch die sich die Zielgruppen definieren lassen. Im Falle einer Maßnahme für Führungskräfte könnte zum Beispiel die Führungserfahrung ein Abgrenzungskriterium sein: junge Führungskräfte, mittleres Management und sehr erfahrene alte Hasen. Ein weiteres Kriterium könnte sein: digital affin oder digital unerfahren. Bei einer internationalen Maßnahme könnte auch die kulturelle Herkunft einen Einfluss haben: also europäisch, asiatisch oder amerikanisch. Ebenso könnten diese Kriterien relevant sein: Erfahrung mit dem Thema, Berufserfahrung, Motivationsgrad, Führungsebene, Abteilungszugehörigkeit, Change-Resistenz. Auf diese Weise kannst Du eine ganze Reihe an Kriterien aufschreiben. Dann wählst Du diejenigen aus, die den größten Einflusswert auf Dein Lerndesign haben.

Nehmen wir als Beispiel das Kriterium Führungserfahrung. Youngsters wirst Du wahrscheinlich anders behandeln müssen als alte Hasen. Die Jungen sind vermutlich auch digital affiner als die Älteren. Du stellst also fest, dass Du es hier mit zwei unterschiedlichen Zielgruppen zu tun hast. Weitere Zielgruppen sind natürlich denkbar. So entsteht die Liste der möglichen Zielgruppen. Aus ihr wählst Du die drei größten Gruppen aus. Sie bilden die Basis für die Entwicklung der Personas.

Pro Zielgruppe entwickelst Du eine Persona. In unserem Beispiel sind es diese drei Personas: Petra Perfekt, Florian Frischling und Alfons Alpha. Die Namen sind bewusst so lautmalerisch und typisierend gewählt. Sie bringen die wichtigsten Züge der Zielgruppe auf den Punkt und erzeugen sofort ein Bild im Kopf. Man denkt sich: „Ach, so einen kenne ich auch!" Dann definierst Du die Bedürfnisse, Ziele, Befürchtungen und Sorgen der jeweiligen Persona. Anschließend bestimmst Du die prozentualen Zielgruppenanteile. In unserem Beispiel bilden die Petra Perfekts die Mehrheit. Sie machen rund 45 Prozent der Teilnehmer aus. Rund 30 Prozent sind Alfons Alphas, die restlichen 25 Prozent sind Florian Frischlings.

Warum diese prozentuale Gewichtung? Du behältst durch sie besser im Blick, wer Deine dominante Zielgruppe ist. Auf sie muss das Lerndesign wirklich perfekt passen. Für die beiden anderen Gruppen strebst Du einen Fit an, der in vernünftiger Relation zu ihrem prozentualen Anteil steht. Du vermeidest so Fehler beim Entwickeln des Lerndesigns. Denn solltest Du irrtümlicherweise annehmen, Deine Teilnehmer wären mehrheitlich Frischlinge, stündest Du am Ende mit einem Training da, bei dem Alfons Alpha sich zu Tode langweilt. Für ihn wäre alles kalter Kaffee.

BLENDED-LEARNING BAUKASTEN: SO GEHT'S

SIEHE S. 34/35 — DER BLENDED-LEARNING BAUKASTEN

Nimm eine Persona-Karte zur Hand. Oben auf die Karte schreibst Du den Namen der Persona. In unserem Fall ist das Alfons Alpha. In welcher Reihenfolge Du die weiteren Punkte ausfüllst, ist Dir überlassen. Wir fangen einfach mal rechts mit den Bedürfnissen und Zielen von Alfons an: Sein wichtigstes Bedürfnis ist Kontrolle. Außerdem legt er großen Wert darauf, respektiert zu werden. Und er setzt auf bestehende Strukturen – die haben ihn erfolgreich gemacht.

Dann füllst Du das Feld mit den Befürchtungen und Sorgen aus. Die größte Sorge von Alfons Alpha ist Machtverlust. Weiterhin fürchtet er Bloßstellung, er kann nicht gut mit Fehlern umgehen, und er hat Angst, dass andere an ihm vorbeiziehen könnten.

Jetzt nimmst Du Dir den linken Teil der Karte vor. Dort trägst Du zunächst sein Alter und seine Position ein. Wähle aus den Foto-Aufklebern ein Gesicht aus, das zu ihm passt, und klebe es auf. Dann machst Du Angaben zu seiner Mediennutzung, seinen Eigenschaften und seiner Haltung – ganz einfach durch Ankreuzen der jeweiligen Ausprägung. So kannst Du relativ fix ein klares Profil von Alfons erstellen.

Ebenso gehst Du mit den Karten für die anderen beiden Personas, also Petra und Florian, vor.

Anhand der so entwickelten Personas kannst Du jetzt schnell erkennen, welche Kriterien für Dein Lerndesign relevant sind. Aha, der Wissensstand ist sehr heterogen. Deckt mein Lerndesign dies ab?

Die ausgefüllten Persona-Karten pinnst Du nun unten auf das Poster in das graue Zielgruppenfeld. In der Mitte ist ein Kreis. In diesen klebst Du eine runde Stattys Note, auf der Du zuvor die prozentualen Anteile der drei Zielgruppen eingezeichnet hast.

3/11 SCHRITT 3: RAHMENBEDINGUNGEN FORMULIEREN

Nun der dritte Schritt. Warum solltest Du die Rahmenbedingungen unbedingt vor Augen haben, bevor Du mit der Konzeption startest? Stell Dir vor, Du entwickelst tagelang ein richtig tolles Lerndesign mit allem Drum und Dran, und dann erfährst Du plötzlich, dass nur 40.000 Euro Budget da ist. Aus der Traum! Damit Dir diese und andere Enttäuschungen erspart bleiben, schreibst Du also rechtzeitig die Rahmenbedingungen auf. Ein paar Beispiele:

bit.ly/2Ezui0f

- Höhe des Budgets
- Projekt-/Trainingsdauer
- Sprache des Trainings (zum Beispiel Deutsch/Englisch)
- Liefertermin
- Vorerfahrung mit Webinaren/E-Learning
- Image von E-Learning
- technische Voraussetzungen
- kulturelle Aspekte
- Lernort
- zeitliche Verfügbarkeit der Zielgruppe
- Zeitzonen
- interne Ressourcen
- Abstimmung mit dem Betriebsrat

In unserem Beispiel sind dies die Rahmenbedingungen:
1. Internetzugang/technische Ausstattung für Führungskräfte ist vorhanden.
2. Interne Ressourcen werden bei Bedarf bereitgestellt.
3. Start des Programms ist der 15.9., Ende offen.
4. Trainingssprachen: Deutsch, Englisch
5. Eine Abstimmung mit dem Mutterkonzern Helloway ist nicht nötig.
6. Es gibt noch kein Anforderungsprofil für Führungskräfte.
7. Es gibt drei Führungsebenen, die beibehalten werden.
8. Der Fokus liegt auf Europa, speziell Osteuropa.
9. Kein stabiles Entscheidungsumfeld
10. Keine festen Budgetvorgaben
11. Bisher patriarchalische Führungskultur

BLENDED-LEARNING BAUKASTEN: SO GEHT'S

SIEHE S. 34/35 — DER BLENDED-LEARNING BAUKASTEN

Jede Rahmenbedingung schreibst Du auf eine kleine Stattys Note und klebst diese auf das Poster. Zwei graue Felder links und rechts von der Straße sind hierfür vorgesehen. Schon siehst Du mit einem Blick, welche Rahmenbedingungen Dich auf Deinem Weg durch das Projekt begleiten werden.

4/11 SCHRITT 4: LERNZIELE DEFINIEREN

Vierter Schritt. Du definierst die Lernziele. Genauer gesagt geht es hier erst mal um die Groblernziele, nicht die Feinlernziele. Wo ist der Unterschied? Groblernziele setzen sich aus mehreren Feinlernzielen zusammen. Lautet das Groblernziel zum Beispiel „kann Feedback-Gespräche führen", dann besteht es aus den Feinlernzielen „kennt die Feedback-Regeln", „kann aktiv zuhören" und „kann Ich-Botschaften formulieren". Die Feinlernziele sind erst relevant, wenn wir die Learner Journey designen. In diesem Schritt schreibst Du nur die Groblernziele auf.

bit.ly/2zjXwP8

In unserem Beispiel sind dies die Groblernziele:
1. Die Führungskräfte kennen die Grundsätze agilen Führens und erarbeiten daraus eigene Prinzipien.
2. Die Führungskräfte erkennen die Vorteile einer agilen Führungskultur und den Nutzen für sich selbst.
3. Die Führungskräfte können die agilen Führungsprinzipien anwenden.
4. Die Führungkräfte vertreten überzeugend die neuen Führungsprinzipien.
5. Die Führungskräfte fördern Innovation und eigenverantwortliche Entscheidungen in ihrem Team.
6. Die Führungskräfte erkennen frühzeitig Widerstände der Mitarbeiter und können angemessen darauf reagieren.

BLENDED-LEARNING BAUKASTEN: SO GEHT'S

SIEHE S. 34/35
DER BLENDED-LEARNING BAUKASTEN

Alle sechs Groblernziele schreibst Du auf kleine Stattys Notes und heftest diese auf das Poster, und zwar mitten auf die Straße zum Erfolg. Wieder schaffst Du mehr Durchblick. Anhand der Groblernziele machst Du allen Beteiligten anschaulich, was nötig ist, um Eure Teilnehmer zum Projektziel zu führen.

MIT GROBLERNZIELEN DEFINIERST DU DIE AUSRICHTUNG DER LERNREISE.

WAS DU IN DIESEM KAPITEL GELERNT HAST:

PROJEKTZIELE FESTLEGEN

- klare Ziele geben Sicherheit und Orientierung
- am besten im Team auf Klarheit testen
- auch die Nicht-Ziele sollten klar formuliert werden

ZIELGRUPPEN DEFINIEREN UND PERSONAS ENTWICKELN

- anhand von Abgrenzungskriterien die Zielgruppen bestimmen
- die drei wichtigsten Zielgruppen auswählen
- Personas machen Zielgruppen greifbar
- pro Zielgruppe eine Persona entwickeln
- anteilmäßige Gewichtung sichert Fokus auf Hauptzielgruppe

RAHMENBEDINGUNGEN FORMULIEREN

- wichtige Vorbereitung auf die Konzeptionsarbeit
- klare Orientierung, was möglich und nötig ist

LERNZIELE DEFINIEREN

- Groblernziele bestehen aus mehreren Feinlernzielen und veranschaulichen den Weg des Teilnehmers zum Projektziel

6. DIE LEARNER JOURNEY DESIGNEN

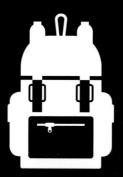

HIER ERFÄHRST DU,

- warum Du die Emotionen und Gedanken Deiner Zielgruppe erfassen solltest.
- wie Du Dein Lerndesign Schritt für Schritt entwirfst.
- welche Digital- und Präsenzmethoden Dir zur Verfügung stehen.

5/11 SCHRITT 5: EMOTIONEN UND GEDANKEN FORMULIEREN

Schritt fünf unserer Elf-Schritte-Anleitung. Alle sind sich einig: Lernen ist ein emotionaler Prozess. Aber die wenigsten beschäftigen sich vor dem Trainingsdesign mit der Ausgangsemotion der Zielgruppe. Die trügerische Annahme, dass die Emotionen neutral seien, führt dann zu einem falschen Trainingsdesign. In diesem Schritt ermittelst Du die Emotionen und Gedanken der Zielgruppe. Warum ist das nötig? Du solltest nie davon ausgehen, dass die Lerner einem neuen Lernprojekt neutral oder gleichgültig gegenüberstehen. Ganz im Gegenteil. Sie bringen Sorgen, Befürchtungen, Meinungen, Vorurteile mit. Deshalb ist es ungemein wichtig, dass Du diese störenden Gedanken und Emotionen notierst und beim Konzipieren des Projekts sinnvoll und rechtzeitig integrierst.

bit.ly/2rnWW4j

Was würde passieren, wenn Du die Emotionen und Gedanken der Zielgruppe ignorierst? Du würdest Dich dann wahrscheinlich darüber wundern müssen, warum die Lerner das erwünschte Verhalten nicht annehmen. Sie fühlen sich einfach nicht abgeholt. Innere Blockaden führen häufig zu drei Reaktionen: „Fight", also offener Protest; „Freeze", also nichts tun und abwarten; oder „Flight", das Vermeiden des Themas bzw. das Verlassen der Organisation. Emotionen und Gedanken im Konzept nicht zu berücksichtigen, ist der häufigste Fehler bei Konzepten.

Schauen wir uns wieder unser Beispiel an, damit das bislang Gesagte plastischer wird.

EMOTIONEN AUFLISTEN UND AUSWÄHLEN

Du nimmst Dir unsere drei Personas vor. Also Florian Frischling, Petra Perfekt und Alfons Alpha. Überlege Dir, welche Emotionen jede Persona zu diesem Thema konkret, zum Training allgemein oder zum Unternehmen grundsätzlich haben könnte. In welchem emotionalen Zustand befindet sich diese Persona also, wenn sie von diesem Training erfährt? Schreibe dann alle Emotionen auf, die die drei bewegen und die bei der Umsetzung hinderlich sein könnten. Aus der Liste wählst Du anschließend die fünf wichtigsten Emotionen aus. Und zwar die, die den höchsten Einfluss auf Dein Lerndesign haben werden. Zum Beispiel: Angst vor Machtverlust. Unsicherheit aufgrund mangelnder Erfahrung etc.

GEDANKEN AUFLISTEN UND AUSWÄHLEN

Genauso gehst Du dann mit den Gedanken vor. Schreibe die möglichen Gedanken der drei Personas in Frageform auf und wähle die fünf wichtigsten aus. Dort steht jetzt zum Beispiel: Wie sieht meine Rolle in Zukunft aus? Warum kann ich nicht weitermachen wie bisher? Wie bringe ich meine Mitarbeiter dazu, mitzuziehen?

> **BLENDED-LEARNING BAUKASTEN: SO GEHT'S**
>
> SIEHE S. 36/37 — DER BLENDED-LEARNING BAUKASTEN
>
> Nimm Dir das Poster mit der Learner Journey vor. Links oben in den Himmel klebst Du eine große Stattys Note mit den Emotionen. Sie können für schlechtes Wetter sorgen oder die Sonne verdunkeln. Keine guten Aussichten für den Lernerfolg also. Rechts heftest Du eine Stattys Note mit den Gedanken der Zielgruppe auf das Poster. Diese Gedanken können Nebel produzieren und so die klare Sicht auf den Lernprozess behindern.
>
> Noch ein Tipp für die Stattys Notes: Mach Dir links Markierungen, damit die fünf Punkte mit den auf dem Poster aufgedruckten Zahlen bündig sind.

Im nächsten Schritt wirst Du gleich immer wieder Bezug auf die Emotionen und Gedanken der Zielgruppe nehmen. Sei gespannt, wie gut das mit der Learner Journey klappt.

6/11 SCHRITT 6: LERNDESIGN ENTWERFEN

Der sechste Schritt. Der vorherige Schritt war die Vorbereitung, nun startest Du mit der Kreativarbeit. Du entwirfst die Learner Journey. Es gibt zwei Möglichkeiten, wie Du an die Aufgabe herangehen kannst:

bit.ly/2zGGEc4

VARIANTE FÜR BEGINNER

Du lässt Dich inspirieren von den Methoden. Am Ende dieses Buches findest Du die gängigsten Methoden für alle drei Bereiche, nämlich Digital, Präsenz und Kommunikation. Zum Beispiel könntest Du diese kleine Lernstrecke aus den jeweiligen Methoden-Bausteinen bauen: Realfilm; E-Learning; Videoquiz; Netzwerktreffen; Umsetzungsaufgabe; Call a Coach.

Zu jeder Methode überlegst Du dir dann, welches Lernziel sie bedient und welchen Nutzen sie der Zielgruppe bringt. Ein E-Learning-Modul mit einer Übersicht über unterschiedliche Methoden verschafft der Zielgruppe beispielsweise Klarheit und Souveränität in Bezug auf die Methoden. Gegebenenfalls kannst Du nun auch noch Kommunikationsbausteine ergänzen. Zum Beispiel ein Erklärvideo und einen Brief.

Wann empfiehlt sich diese Variante? Immer dann, wenn Du eine starke Präferenz für eine oder mehrere Methoden hast oder die Methoden schon gesetzt sind. Die Blended-Learning-Kette ist schnell erstellt und bereit für die Konzeption.

VARIANTE FÜR EXPERTEN

Dies ist die in didaktischer Hinsicht wesentlich professionellere Variante. Hier beginnst Du mit den Lernzielen, erst dann suchst Du die passenden Methoden aus. Du bestimmst den Nutzen des jeweiligen Lernziels, wählst dann die Methode aus, mit der sich dieses Ziel am besten erreichen lässt. Und Du legst eine Umsetzungsaufgabe für den Transfer fest. Anschließend ordnest Du den jeweiligen Lernbausteinen die Emotionen und Gedanken der Zielgruppe zu. Baustein für Baustein baust Du so die Learner Journey auf. Zum Schluss gehst Du die Learner Journey noch einmal durch. Am besten denkst Du Dich dabei in die Hauptzielgruppe hinein, in unserem Fall also in Petra Perfekt. Vielleicht erkennst Du ja, dass es ratsam wäre, innerhalb einer bestimmten Phase die Reihenfolge der Bausteine zu verändern. Oder Du ergänzt sogar noch einen Baustein hier und da. Nach diesem Check steht die Learner Journey. Die Reise kann losgehen!

BLENDED-LEARNING BAUKASTEN: SO GEHT'S

Lernzielkarten ausfüllen

Zuerst nimmst Du die Lernzielkarten zur Hand und füllst sie aus. Im oberen Feld notierst Du das jeweilige Lernziel. Zum Beispiel: „Die Grundlagen agilen Führens". Darunter trägst Du den Nutzen ein: „Verstehen, was agile Führung bedeutet".

Methode wählen

Dann überlegst Du dir, welche Methode am geeignetsten ist, dieses Ziel zu erreichen. In unserem Beispiel wäre das ein E-Learning. Die entsprechende blaue Methodenkarte legst Du oben auf die Karte.

Für den Transfer siehst Du eine Umsetzungsaufgabe vor. Für sie legst Du eine weitere Lernzielkarte an. Aufgabe an den Lerner wird hier sein, das Gelernte im Alltag anzuwenden: „5 Umsetzungsaufgaben als Transfer-Stimulus". Durch sie kommt der Lerner ins Tun und sammelt praktische Erfahrungen.

Lernbaustein bewerten

Unten trägst Du nun ein, auf welche Wirkungsebene der jeweilige Lernbaustein einzahlt: auf Wissen, Verhalten oder Einstellung? Auf der ersten Lernzielkarte wählst Du Wissen aus. Auf der zweiten Karte mit der Umsetzungsaufgabe kreuzt Du Verhalten an.

Emotionen und Gedanken zuordnen

Rechts daneben notierst Du, auf welche der fünf Emotionen der jeweilige Lernbaustein einzahlt. Beim E-Learning sind es die Emotionen 2, 3 und 4, bei der Umsetzungsaufgabe die Emotionen 2, 4 und 5. Darunter trägst Du die Nummern der jeweils betroffenen Gedanken ein. Beim E-Learning sind es die Nummern 1, 3 und 4, bei der Umsetzungsaufgabe die Nummern 1 und 3.

Noch ein Tipp: Auf der Rückseite der Methodenkarten findest Du QR-Codes. Scanne sie mit der Kamera Deines Tablets oder Smartphones ein und schon landest Du auf der entsprechenden Online-Methodenkarte. Alternativ findest Du auf der Vorderseite in der rechten unteren Ecke einen Buchstabencode, über den Du ebenfalls auf die Online-Version der Karte gelangst. Gib den Code einfach auf der Startseite unseres Online-Methodenkoffers in das Suchfeld ein. Auf einen Blick erfährst Du so, was die jeweilige Methode auszeichnet, wo und wann Du sie einsetzen kannst etc.

bit.ly/2PUteTY

Phasen der Learner Journey entwickeln

Jetzt geht es darum, mithilfe des Posters die einzelnen Phasen der Journey aufzubauen. Jeder Baustein entspricht einer Karte, die Du auf das Poster pinnst.

- Du startest in unserem Beispiel mit der Phase 1 „Aufmerksamkeit". Es gibt eine Konferenz, dann ein Kundeninterview und dann ein animiertes Video.

- Darauf folgt Phase 2 „Erfahren": ein Netzwerktreffen, ein E-Learning und Workshops.

- Dann geht es in die Phase 3 „Trainieren". Zunächst gibt es Learning Nuggets mit den wichtigsten Methoden und dann ein Training.

- In der Phase 4 „Integrieren" gibt es eine Transfer-App, eine Simulation, ein E-Learning, Blind Dates, Informationen und ein weiteres E-Learning.

- Zum Abschluss die Phase 5 „Review" mit einer Konferenz.

WAS DU IN DIESEM KAPITEL GELERNT HAST:

EMOTIONEN UND GEDANKEN FORMULIEREN

- man sollte wissen, was die Zielgruppe bewegt
- die Emotionen und Gedanken müssen in das Lerndesign einfließen
- nur so ist eine Verhaltensentwicklung plan- und umsetzbar

LERNDESIGN ENTWERFEN

- zwei Vorgehensvarianten sind denkbar
- die zweite Variante ist didaktisch empfehlenswerter und professioneller
- Baustein für Baustein entsteht die Learner Journey, diese besteht aus mehreren Phasen und sichert einen nachhaltigen Lernerfolg

7. DIE KOMMU-NIKATION PLANEN

HIER ERFÄHRST DU,

- warum der Projekterfolg stark von guter Kommunikation abhängt.
- wie Du durch Kommunikation Aufmerksamkeit schaffst.
- wie Dein Kommunikationsfahrplan Gestalt annimmt.
- wie Du die Bausteine der Kommunikation in die Learner Journey integrierst.
- warum das Formulieren von Kernbotschaften so wichtig ist.
- welche Methoden und Hacks Dir bei der Kommunikation helfen.

GUTE KOMMUNIKATION SICHERT DEN PROJEKTERFOLG

Ohne eine vernünftige Kommunikation wird das schönste Blended-Learning-Projekt nicht gelingen. Warum? Wir geben Dir einfach mal zwei Beispiele.

Stell Dir vor, ein Kosmetikkonzern hat in jahrelanger Forschungs- und Entwicklungsarbeit eine neue Hautcreme entwickelt. Anti-Aging, Falten werden minimiert, schicke Verpackung, Du verstehst. Dann lässt er die Creme einfach in die Regale stellen und wundert sich, warum sie niemand kauft. Klar, ohne Werbung läuft es nicht. Natürlich würde es zur Einführung einer neuen Creme eine Kommunikationskampagne geben, um Handel und Verbraucher über die Vorzüge des neuen Produkts zu informieren.

Anderes Beispiel. Dein Herzenswunsch wird wahr. Du eröffnest ein Café. Viel, viel Zeit investierst Du, um eine tolle Location zu finden, sie aufwendig zu renovieren, und sie dann mit eigens angefertigtem Mobiliar auszustatten. Das Geschirr, die Servietten, die Kaffeemaschine – jedes Detail von ausgesuchter Qualität. Die Kuchen und Kekse backst Du nach Rezepten Deiner Oma. Als alles fertig ist, schließt Du morgens die Tür auf und hängst ein Post-it ins Fenster: Neueröffnung. Kein Aufsteller auf dem Bürgersteig, keine Flyer, keine Werbung in Online-Stadtmagazinen. Das würdest Du sicher nicht so fahrlässig machen, oder?

Siehst Du, deshalb solltest Du bei der Konzeption Deiner Lernprojekte immer die Kommunikation mitplanen, und zwar von Beginn an und nicht mit den letzten Reserven an Zeit und Budget. Damit Deine Zielgruppen bestens informiert werden. In diesem Kapitel zeigen wir Dir, wie Du diese Aufgabe anpackst.

KOMMUNIKATION ALS SCHLÜSSEL ZUR AUFMERKSAMKEIT

Einfach kommunizieren, und schon weiß Deine Zielgruppe Bescheid. So einfach ist es leider nicht. Du musst auch durchdringen zu ihr. Angesichts der Flut an Unternehmenskommunikation, die jeden Tag über die Mitarbeiter hereinbricht, solltest Du also clever vorgehen. Sonst gehen Deine Botschaften unter und der Erfolg Deines Projekts gerät in Gefahr.

Wie kannst Du Dich abheben vom täglichen Dauerrauschen? Sei kreativ, sei überraschend, sei provokativ. Hebe Dich vom Einheitsbrei ab. Disruption heißt auch hier das Zauberwort. Verblüffe Deine Zielgruppe mit ungewöhnlich formulierten Botschaften und Formaten. Kombiniere zum Beispiel in einem Satz eine Hinzu- und eine Meide-Motivation: „Mit diesem Training gewinnst Du mehr Zeit für Wesentliches und Du verlierst die Angst vor Deadlines."

Noch etwas Neurowissenschaft, warum das so gut funktioniert: Der Hippocampus unseres Gehirns wird wach, sobald ihn Informationen erreichen, die vom Erwarteten abweichen. Dafür ist unser Neuigkeitsdetektor da. Dann ist die Aufmerksamkeit da, Deine Botschaft findet Zuhörer. Der wichtigste Schritt in der Kommunikation.

7/11 SCHRITT 7: DEN KOMMUNIKATIONSFAHRPLAN ENTWERFEN

Schritt sieben unserer Elf-Schritte-Anleitung. Du stellst den Fahrplan für Deine Kommunikationsmaßnahmen auf. Fahrplan heißt hier: In welcher Phase findet für welche Zielgruppen und Stakeholder welche Kommunikation statt? So hast Du jederzeit den Überblick und vergisst nicht, die richtigen Zielgruppen zur richtigen Zeit mit Kommunikation zu versorgen. Der meist gemachte Fehler ist mangelnde Kommunikation an die Führungskräfte und wenig überzeugende Nutzenkommunikation an den Lerner.

bit.ly/2zLPY5

BLENDED-LEARNING BAUKASTEN: SO GEHT'S

Definition Phasen

Die Phasen trägst Du oben auf dem Poster in die horizontale Achse ein. Du kannst sie zum Beispiel monatsweise einteilen: Mai/Juni, Juli/August, September/Oktober, November/Dezember. Ebenso möglich ist die Einteilung nach Projektphasen: Pilotphase, Launch national, Launch international etc. Nimm Dir die Phasen vor, die am besten zu Deinem Projekt passen.

Festlegung Zielgruppen/Stakeholder

Seitlich, in die vertikale Achse, kommen die Adressaten der Kommunikation, die Zielgruppen und Stakeholder, die Du jeweils mit bestimmten Kommunikationsbausteinen ansprechen willst. In unserem Beispiel sieht die Einteilung wie folgt aus: alle, alle Führungskräfte, ausgewählte Führungskräfte, Stakeholder, CEO.

Zuordnung Kommunikationsbausteine

Sobald die Phasen wie auch die Adressaten eingetragen sind, kannst Du beginnen, die Kommunikationskarten mit den jeweiligen Bausteinen auf das Poster zu pinnen. In der Phase August/September gibt es für alle einen Trailer mit der Vorstellung der Change-Kampagne. Gleichzeitig geht eine E-Mail an die Stakeholder. Der CEO wird von der Chefin der Personalabteilung persönlich über seine Aufgaben und den Stand des Projekts informiert. Ab November geht ein Brief an ausgewählte Führungskräfte mit inhaltlichen und organisatorischen Infos. Ab Februar gibt es für alle die ersten Vox Pops, in denen die neuen agilen Führungsprinzipien vorgestellt werden. Für die Führungskräfte gibt es zusätzlich Vox Pops mit den Zusammenschnitten aus den Workshops. Sie bekommen ab Juli eine Mail, in der der Award zu den Erfolgsstories angekündigt wird. Im Intranet werden ab Juli die Ergebnisse der Umfrage bekannt gegeben. Alle werden informiert, wer den Wettbewerb gewonnen hat.

Nun hast Du einen vernünftigen Fahrplan für die Kommunikation erstellt. Was jetzt noch fehlt, ist dies: Nummeriere hierfür die Baustein-Karten von oben nach unten durch. Warum? Das zeigen wir Dir im folgenden Schritt.

8/11 SCHRITT 8: BAUSTEINE IN DIE LEARNER JOURNEY INTEGRIEREN

Das ist der achte Schritt. In diesem arbeiten wir mit der Learner Journey und dem Kommunikationsfahrplan.

bit.ly/2RAxAwf

BLENDED-LEARNING BAUKASTEN: SO GEHT'S

SIEHE S. 38/39 UND 36/37

DER BLENDED-LEARNING BAUKASTEN

Gerade hast Du ja die Kommunikationsbausteine durchnummeriert. Nun überlegst Du Dir, an welcher Stelle der Journey Du welchen dieser Bausteine platzierst. Um das ganz praktisch zu tun, nimmst Du ein paar orangefarbene Referenzkärtchen zur Hand. Jedes Kärtchen erhält eine Nummer. Du brauchst also ein Kärtchen pro Kommunikationsbaustein.

Platzierung Kommunikationsbausteine

Die Nummer 1 (Auftakt-Video) pinnst Du an den Anfang von Phase 1 der Learner Journey. Die Nummer 2 (Reisepaket) kommt ans Ende von Phase 1. Nummer 3 (Best-of von Workshop 1) und Nummer 4 (neue agile Führungsprinzipien) bringst Du in Phase 2 unter. So gehst Du alle Kommunikationsbausteine durch, die eine zeitliche Taktung in Bezug auf das Lerndesign haben. Damit schaffst Du eine sinnvolle Abfolge von Lern- und Kommunikationsbausteinen und verfeinerst die Learner Journey ein weiteres Mal.

In Gedanken kannst Du nun den gesamten Ablauf aus Zielgruppensicht durchgehen und prüfen, ob sich ein rundes Gesamtbild ergibt. Auch wenn Du anderen Leuten aus Deinem Unternehmen erklären willst, was Du vorhast, eignet sich das Zusammenspiel von Learner Journey und Kommunikationsfahrplan wunderbar. Anhand der Learner Journey stellst Du den gesamten Ablauf vor. Und sobald Du einen bestimmten Kommunikationsbaustein näher erläutern willst, hast Du die passende Kommunikationskarte auf dem Fahrplan-Poster parat. Also wieder einmal klarer Überblick für alle Beteiligten.

9/11 SCHRITT 9: KERNBOTSCHAFTEN FORMULIEREN

Der neunte Schritt unserer Elf-Schritte-Anleitung. Nun widmest Du Dich der großen Frage: Welche Kernbotschaften sollen eigentlich bei den Lernern ankommen? Wofür soll Dein Projekt also stehen? Worin besteht sein Beitrag fürs große Ganze? Kernbotschaften sorgen dafür, dass Du mit jeder Maßnahme und jedem Kommunikationsbaustein aktiv ein Projektimage aufbaust. Wenn Du es nicht aktiv machst, macht es das Flurradio mit unbestimmtem Ausgang.

bit.ly/2QeApGr

Eine Kernbotschaft könnte zum Beispiel sein: „Mit unserer neuen agilen Führungskultur wecken wir das Kreativpotenzial der Organisation, um gemeinsam nach vorne zu gehen und zu wachsen." Mehrere Ziele scheinen in dieser Aussage auf. Zum einen geht es um die Kreativität der Organisation, die von den Führungskräften gestärkt werden muss. Zum anderen um die Entwicklung und das Wachstum des Unternehmens, und damit meist um innovative Ansätze, bei denen neue Wege beschritten werden.

Zwei weitere Kernbotschaften könnten sein: „Wir setzen bei der agilen Führungskultur auf nachhaltige Implementierung" sowie „Die Länder entwickeln ihre kulturspezifischen Ausprägungen dieser neuen Führungskultur". Eine nachhaltige und kulturspezifische Umsetzung steht hier also im Fokus.

BLENDED-LEARNING BAUKASTEN: SO GEHT'S

SIEHE S. 34/35

DER BLENDED-LEARNING BAUKASTEN

Diese drei Kernbotschaften pinnst Du nun auf das dafür vorgesehene Feld der Management Summary, also in die große Wolke links oben. Die kommunikativen Kernbotschaften schweben also demonstrativ über Deiner Projektbeschreibung und sind dort stets gut sichtbar. Sie bilden die Basis für die gesamte Kommunikationsstrategie des Projekts. Jeder Kommunikationsbaustein muss auf diese Kernbotschaften einzahlen. Mit jeder Wiederholung der zentralen Kernbotschaften entsteht ein Image. Genau so machen es Werbeprofis und Journalisten auch. Denk dran: „Wer nicht gezielt für das Image seines Projekts sorgt, überlässt es dem Flurradio."

21 HACKS für eine bessere Kommunikation

Die folgenden Hacks helfen Dir, Kommunikation besser zu verstehen und sie gezielt für Deine Zwecke einzusetzen. Wir liefern Dir hier ein schönes Buffet aus Ideen und Impulsen, damit Du zwischen die Ohren Deiner Zielgruppen gelangst.

#1 FALSCHE ANNAHMEN ENTSORGEN

Ehrlichkeit zahlt sich aus. Falsche Annahmen, sprich Illusionen, des Lerners solltest Du gnadenlos killen. Sag ihm klipp und klar, wie viel Zeit er investieren muss, um ein angestrebtes Ziel zu erreichen. Wenn er sich nämlich Illusionen hingibt, was die nötige Zeit oder den Aufwand anbelangt, wird er am Ende enttäuscht sein. Oh, dauert ja alles viel länger, als ich dachte. Erwartungsenttäuschung drückt auf die Motivation. Daher: korrigiere falsche Annahmen sehr frühzeitig und sorge kommunikativ für eine klare Kante.

#2 DREI ANTREIBERDIMENSIONEN

Was treibt Menschen an? Wonach streben sie, was wollen sie unbedingt vermeiden? Die drei Antreiberdimensionen bringen es auf den Punkt. In Deiner Kommunikation kannst Du sie gezielt einsetzen, um die Aufmerksamkeit und die Motivation der Lerner zu erhöhen. Frage Dich immer: Auf welche dieser drei Dimensionen zahlt die jeweilige Kommunikation ein?

VERGNÜGEN – SCHMERZ

Uns vergnügen, das wollen wir alle. Dem Schmerz hingegen gehen wir aus dem Weg. Wenn Dir jemand etwas Vergnügliches verspricht, hören wir hin. Noch aufmerksamer werden wir aber beim Versprechen, Schmerzen zu lindern oder gar zu vermeiden. Die Meide-Motivation basiert hierauf. Kommunikation verspricht meistens einen Vorteil bzw. Vergnügen. Für eine weiterreichende Motivation brauchen wir allerdings beide Hebel, wir versprechen also mehr Vergnügen und weniger oder gar keinen Schmerz.

98 PROZENT DER KOLLEGEN WAREN SCHON IN DIESEM KURS. WANN KOMMST DU?

HOFFNUNG – ANGST Die Hoffnung stirbt zuletzt, davon lebt die Berater- und Trainingsbranche geradezu. Hoffnung schaffen im Lernerkopf ist entsprechend wichtig: „Es ist viel leichter, als die meisten zu Beginn annehmen." Angst ist die andere Seite der Medaille. Angst, dass andere einen Wissensvorsprung haben. Angst, nicht dazuzugehören. Auch mit Angst kannst Du gezielt arbeiten: „98 Prozent der Kollegen waren schon in diesem Kurs. Wann kommst Du?"

SOZIALE AKZEPTANZ – ZURÜCKWEISUNG Hier sind wir im Stammhirn unterwegs. Wir alle sind Nachkommen von Menschen, die in Herden überlebt haben. Deshalb ist das Motiv, von den anderen anerkannt und vielleicht sogar bewundert zu werden, ein großes Sicherheitsmotiv. Zurückweisung ist uns daher ein Grauen. Wir meiden sie, wenn möglich. Beide Punkte kannst Du ideal in Deiner Kommunikation triggern: „Das Videotraining lässt Dich gut aussehen vor Deinem Team! Mit diesen fünf Kniffen kommst Du im Gespräch überzeugender rüber!"

Je gekonnter Du diese drei Dimensionen in Deiner Kommunikation berücksichtigst, umso mehr Energie wird Deine Zielgruppe in das Projekt zu investieren bereit sein. Hier aktivieren wir also meist unbewusste Motive, die viel länger halten als Motive, die aus dem Verstand heraus getriggert werden.

#3 DIE KOMMUNIKATIONSKASKADE

Starke Kommunikation findet auf drei Ebenen statt, die nacheinander durchlaufen werden. Wir nennen das die Kommunikationskaskade: zunächst Aufmerksamkeit schaffen, dann Neugier wecken und schließlich eine Nutzenvermutung bzw. ein Nutzerversprechen aufstellen.

1. AUFMERKSAMKEIT SCHAFFEN

2. NEUGIER WECKEN

3. RELEVANZ AUFZEIGEN

Deine Kommunikation sollte sich vom Einheitsbrei abheben. Sie muss stören, provozieren. Nur so kriegst Du die Aufmerksamkeit Deiner Zielgruppe. Viele Mitarbeiter werden sich über kreative Kommunikationsideen freuen, es wird aber auch einige Meckerer geben, denen das alles zu weit geht. An diesen solltest Du niemals Dein Kommunikationskonzept ausrichten. Dann verlierst Du die Aufmerksamkeit der meisten. Den Meckerern kommst Du am besten bei, indem Du Dich artig für die Anmerkungen bedankst und erwähnst, dass Ihr die Einwände bei künftigen Kampagnen beherzigen werdet. Was natürlich nicht geschehen wird. In der Regel wollen Meckerer nur gehört werden.

Ist die Aufmerksamkeit da, heißt es, die Neugier der Zielgruppe anzustacheln. Stell am besten Fragen: Kennst Du schon die sieben Erfolgsgeheimnisse, um Dein Team besser zu führen? Was glaubst Du, warum Zeitmanagement nicht funktioniert? Auf diese Weise produzierst Du aufseiten der Zielgruppe ein Wissensdefizit. Du weckst Begehrlichkeit auf Antworten. So ähnlich wie mit einem Cliffhanger bei einer Serienfolge. Der Zuschauer, sprich Lerner, will wissen, wie es weitergeht, und bleibt am Ball.

What's in it for me? Das wird sich jeder Lerner fragen. Je besser Du diese Frage beantworten kannst, umso motivierter wird Deine Zielgruppe sich an der Maßnahme beteiligen. Denn nur wenn der Lerner weiß, wofür er seine Zeit investieren soll, wird er das auch tun. Generell gilt: Je größer der persönliche Nutzen, desto höher die Bereitschaft zur Teilnahme.

#4 DREI HANDLUNGSTREIBER

Deine Kommunikation soll einem Ziel dienen: Menschen ins Handeln zu bringen. Drei Treiber gilt es dabei zu beachten:

MOTIVATION Komplexe und anstrengende Themen erfordern einen vollen Motivationstank des Lerners. Wenn Du weißt, dass die Motivation gering ist, brauchst Du es erst gar nicht mit einem aufwendigen Projekt bei ihm zu versuchen. Er würde nicht durchhalten. Bei lockeren Themen, die wenig Zeit und Energie erfordern, reicht eine nicht allzu große Motivation des Lerners dagegen meist aus.

SELBSTWIRKSAMKEITS-ERWARTUNG Traut der Lerner sich den neuen Alltag nach dem Training zu? Wenn er eine hohe Selbstwirksamkeit hat, schafft er anspruchsvolle Aufgaben mit links. Weil er sich durch Fehler nicht entmutigen lässt und bei der Sache bleibt. Anders sieht es aus, wenn er nur über eine geringe Selbstwirksamkeit verfügt. Dann gibt er viel schneller auf. Achte also darauf, dass Du dem Lerner vermittelst, dass er die jeweiligen Aufgaben auch schaffen kann. Ermutige ihn zum Handeln, um positive Erfahrungen sicherzustellen.

AUSLÖSER Damit der Lerner aktiv werden kann, braucht es einen Trigger. Also einen aufmerksamkeitsstarken Auslöser, der Neugier weckt und dazu anregt, sich mit dem Inhalt und dem Nutzen des Projekts zu beschäftigen. Zum Beispiel ein provokatives Motto, ein kreatives Kampagnenmotiv oder eine fesselnde Video-Story. Mit der Kommunikationskaskade haben wir Dir vorgestellt, wie solch ein Prozess ablaufen kann.

#5 EINFACHHEIT GEWINNT IMMER

Einer der stärksten Motivatoren überhaupt ist Einfachheit. Zum Beispiel so was wie: ganz einfach Zeit sparen. Klingt verlockend, oder? Wir stellen Dir hier sechs Ebenen vor, auf denen Du kommunikativ mit Einfachheit punkten kannst.

ZEIT — Zeitersparnis ist ein Riesenversprechen, das immer zieht. Wenn Du Deiner Zielgruppe dieses geben kannst, hast Du schon gewonnen.

GELD — Geld verstehen wir hier im Sinne von Karriereförderung, sprich mehr Geld verdienen. Impulse, die dem Lerner einen einfachen Push für die eigene Karriere versprechen, sind also äußerst hilfreich.

PHYSISCHE ANSTRENGUNG — Du musst Dich kaum anstrengen. Tut auch nicht weh. Solche Argumente kommen ebenfalls gut an.

DENKZYKLEN — Hier geht es um Einfachheit bei der kognitiven Verarbeitung. Du formulierst also einfache, leicht verständliche Botschaften. Beispiel: Wenn Du Fähigkeit X verbessern willst, dann erlerne die Y-Technik.

SOZIALE DEVIANZ — Wenn wir uns Dinge einfach machen, stoßen wir gegebenenfalls andere Leuten vor den Kopf. Zum Beispiel, wenn wir Aufgaben ablehnen, weil wir selbst zu viele haben. Das jeweilige Verhalten ist sozial nicht akzeptiert. Im Idealfall bieten wir dem Lerner einfache Lösungen an, mit denen er Anerkennung erntet und andere nicht vor den Kopf stößt.

NICHT-ROUTINE — Die neu zu erlernende Routine sollte vorhandene Routinen nicht stören. Ideal ist es, wenn wir die Verhaltensroutinen miteinander kombinieren können. Autofahren und Hörbuchhören zum Beispiel. Das Einfach-Argument für den Lerner lautet: Du kannst das neue Verhalten ganz einfach in Deine gewohnten Routinen integrieren.

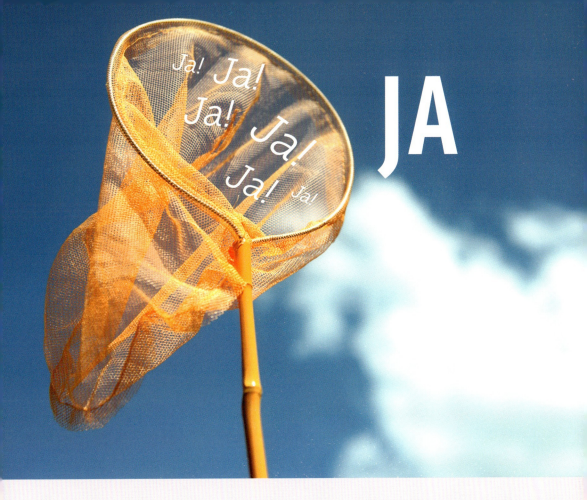

#6 SIEBEN MAL DIE JA-SENSOREN TREFFEN

Hinter diesem Hack steckt folgendes Prinzip: Wenn ein Lerner sieben Mal innerlich mit dem Kopf genickt hat, hast Du ihn überzeugt und für Dein Projekt gewonnen. Denken wir an ein eher leidiges Thema wie Zeitmanagement. Die meisten Lerner haben hier bereits negative Erfahrungen gesammelt. Lässt sich im Alltag schwer durchsetzen, klappt irgendwie nicht, macht keinen Spaß etc. Du nimmst diese Erfahrungen in Deine Argumentation auf und bastelst Fragen, auf die der Lerner eigentlich nur mit Ja antworten kann: Du willst Deine Zeit effizient managen, ohne Dich jeden Tag selbst kasteien zu müssen? Du weißt sicher auch, dass es den meisten Teilnehmern an Zeitmanagement-Seminaren so geht wie Dir, oder? Wenn Du auf diese Weise mit dem Lerner kommunizierst, triffst Du sieben Mal ins Schwarze. Dann hat er ein starkes Pre-Comittment, sich mit Deinem Lernangebot zu beschäftigen.

#7 DIE MAGIE DER ZAHLEN

Lass Zahlen sprechen. Das Faktenhirn versteht sie sofort, der Lerner kommt schneller ins Handeln. Beispiel: „In 15 Minuten die drei besten Kreativitätstechniken lernen." Solche Versprechen kommen in der Regel gut an. Die Zahlen suggerieren Berechenbarkeit und Sicherheit. Unserer Erfahrung mit Blogs und Newslettern nach haben bestimmte Zahlen eine besonders gute Signalwirkung. Die 3, die 7 und die 11. Also finde lieber „11 Ideen für Dein Projektmanagement" statt „10 Ideen ...".

#8 DIE FRAMING-TECHNIK

Du kennst das sicher: Du willst Dir ein bestimmtes Auto kaufen, und plötzlich siehst Du überall nur noch Autos dieser Marke. Das passiert uns auch mit vielen anderen Dingen, die wir gerade im Kopf haben. Unser Wahrnehmungsfilter ist voll auf sie ausgerichtet und sortiert alles andere aus. Diesen Effekt kannst Du auch in Deiner Kommunikation nutzen. Man nennt das dann Framing, auf Deutsch: Rahmenheuristik. Du aktivierst beim Lerner einen bestimmten Deutungsrahmen, durch den er dann das Projekt betrachtet. Der Deutungsrahmen Zeitersparnis/-effizienz ist zum Beispiel ein sehr effektiver. Formuliere eine Botschaft wie: „Wir wissen, wie wichtig die Faktoren Zeitersparnis und Effizienz für Dich sind. Deshalb haben wir für Deine sieben wichtigsten Use Cases die besten Tipps und Tools zusammengestellt, damit Du sie zeiteffizient lösen kannst." So lenkst Du die Aufmerksamkeit des Lerners auf das, was ihm wichtig ist. Er wird das Projekt aus dieser Perspektive betrachten und als besonders relevant erachten.

#9 EMOTIONAL NEUNFACH HOCHWERTIGER SEIN

Amerikanische Forscher haben herausgefunden, dass Menschen bereit sind, eine alte Angewohnheit abzulegen, wenn ihnen eine neue Angewohnheit neun Mal wertvoller erscheint. Du kannst Dir vorstellen, was das für Deine Kommunikation bedeutet. Du musst alle Vorteile, die der Lerner hat, klar und verständlich kommunizieren. Alle heißt wirklich alle. Er sollte nicht gezwungen sein, diese Vorteile selbst zu entdecken. Menschen sind ja gerne denkfaul. Du servierst sie ihm also in ganzer Schönheit und Breite. Je mehr überzeugende Vorteile Du präsentierst, umso größer ist die Chance, dass er sich bewegt. Und was, wenn Du gar nicht so viele Vorzüge vorweisen kannst und das Neunfach-wertiger-Ziel meilenweit verfehlst? Dann stimmt ehrlich gesagt etwas mit Deinem Lerndesign oder Deinen Projektzielen noch nicht. Zurück an den Start also und nachbessern.

#10 DER VORSPRUNGSEFFEKT

Ein wirklich einfacher, aber auch extrem wirksamer Hack: Gib dem Lerner das Gefühl, dass er sich durch die Maßnahme einen persönlichen Vorsprung verschafft. Nach dem Motto: „Hallo Julia, Du bist eine der Ersten, die wir für dieses neue Programm ausgewählt haben. Wir sind gespannt auf Dein Feedback. Klicke hier, um teilzunehmen." Der Lerner fühlt sich gebauchpinselt, seine Neugier ist geweckt und er wird aktiv.

#11 KLARE ORIENTIERUNG GEBEN

Unser Gehirn liebt Klarheit und Orientierung. Undurchsichtiges und Verwirrendes hasst es. Deshalb solltest Du den Teilnehmern genau kommunizieren, wie der Fahrplan Deines Projekts aussieht. Was passiert wann warum? Welche Schritte sind geplant, was wird da jeweils passieren, wo führt das Ganze hin? Sie erhalten also einen klaren Überblick und können sich jederzeit leicht orientieren. Auf diese Weise reduzierst Du mögliche Zweifel der Lerner am Sinn und Zweck der Maßnahme. Und Du stärkst das Vertrauen der Lerner in Dich und Dein Team.

WAS DA ALLES PASSIEREN KANN
... BESSER GLEICH IN DEN MÜLL WERFEN.

#12 GEISTIGE BRANDSTIFTUNG

Dem Lerner die Vorteile einer Maßnahme anzupreisen, ist ein Weg, den Du in Deiner Kommunikation gehen kannst. Ein anderer Weg ist es, ihm vor Augen zu führen, was geschieht, wenn er nicht teilnimmt. Das nennen wir geistige Brandstiftung. Ein Beispiel: „Wenn Du nicht lernst, zu delegieren, wirst Du weiterhin viele schwierige Aufgaben alleine lösen müssen, Dein Stresspegel wird weiter steigen etc." Du zeigst ihm also die Konsequenzen seines Nicht-Handelns auf. Schmerz- und Angstvermeidung sind extrem starke Motivatoren, wie wir Dir ja bereits weiter oben erläutert haben. Übrigens ist damit nicht gemeint, den Lernern Angst zu machen. Es geht allein darum, ihnen genügend Motivation zu geben, bis zum ersten Erfolgserlebnis durchzuhalten.

#13 BELOHNUNG NACH DER JAGD

In grauer Vorzeit sind wir Menschen Tieren nachgejagt, heute laufen wir Informationen hinterher. Das ist das Kernprinzip der Timeline von Facebook, Twitter und Instagram: Nix verpassen bis der Daumen glüht. Was uns in beiden Fällen antreibt, ist die Aussicht auf Belohnung nach einer mehr oder minder anstrengenden Jagd. Dieses Belohnungsprinzip kannst Du effektiv für Deine Kommunikation nutzen. Verdeutliche dem Lerner, dass er Teil einer spannenden Jagd werden kann, die reiche Beute verspricht. Das funktioniert über sehr einfache Signale. Zum Beispiel, indem Du in dieser Art kommunizierst: Hier kommt jetzt Modul 1 von 14 … 2 von 14 … 3 von 14 etc. So setzt Du immer wieder einen Impuls. Der Lerner bekommt das Gefühl, wenn er nicht endlich mitmacht, wird er etwas verpassen. Er möchte ungern von der Jagd ausgeschlossen sein und wird sich spätestens nach den ersten Modulen beteiligen.

#14 BELOHNUNG DURCH DEN STAMM

Eine weitere evolutionsgeschichtliche Herleitung. Diesmal geht es um die Belohnung durch den Stamm. Menschen schließen sich seit jeher zu Gruppen zusammen. Früher ging es vorrangig um Schutz und Überlebenssicherung, heutzutage treten vielfältige Gründe hinzu. Denken wir an Parteien, Fanclubs, Yoga-Gruppen und Online-Communitys. Ein gewisser Herdentrieb wohnt uns also inne. In deiner Kommunikation kannst Du ihn einsetzen, um Lerner zu bewegen, sich Deiner Herde, sprich Trainingsmaßnahme, anzuschließen. Formuliere zum Beispiel so: „Hallo Marco, mehr als 75 Prozent Deiner Kolleginnen und Kollegen haben dieses Lernmodul bereits absolviert und fanden es richtig gut. Wann bist Du dabei?" Die Sorge, den Anschluss zu verpassen und ganz ohne Gruppe dazustehen, ist in den meisten Fällen größer als die Unlust, ein paar Lernaufgaben zu lösen. Und wenn so viele so begeistert sind, dann muss die Maßnahme doch gut sein, oder?

#15 BELOHNUNG DES SELBST

Die dritte Belohnungskategorie. Eine Belohnung des Selbst findet zum Beispiel statt, wenn wir lernen, eine Aufgabe selbstbestimmt zu lösen. Das macht uns stolz auf die eigenen Fähigkeiten, unser persönliches Wachstum. Hierbei spielt die intrinsische Motivation eine wichtige Rolle. Wie gehst Du in der Kommunikation vor, um eine Selbstbelohnung zu triggern? Beispielsweise so: „Hallo Karin, wie Du weißt, ist Vertrauensbildung für Führungskräfte immens wichtig, um Menschen an sich binden zu können. Der Schlüssel hierzu ist Klarheit in der Kommunikation. Wenn Du auf diesem Gebiet sicherer werden willst, empfehlen wir Dir dieses Training ..." Auf diese Weise führst Du dem Lerner die Aufgabe und das Sehnsuchtsziel vor Augen, nämlich Vertrauen gewinnen, und Du gibst ihm den Schlüssel zur Lösung an die Hand, die Klarheit. Durch die Teilnahme an der Trainingsmaßnahme gelangt er dann zur Selbstbelohnung. Wichtig ist hier, dass der Teilnehmer Erfolge selber wahrnehmen und werten kann.

#16 AKTIVIERENDE FRAGEN

Fragen eignen sich perfekt dafür, Inhalte aller Art zu kommunizieren. Denn wenn wir eine Frage gestellt bekommen, sucht unser Gehirn sofort nach einer Antwort. Fragen aktivieren uns also. Natürlich sollten sie präzise formuliert sein, damit sie die gewünschten Denkabläufe beim Lerner auslösen. Eine Frage, um die kreative Innovationskraft der Teilnehmer zu wecken, könnte zum Beispiel sein: „Wie könnten wir den Prozess, den wir hier gerade verbessern wollen, viel, viel schlechter gestalten?" Eine solch provokative Frage löst meist eine Welle an kreativen Antworten aus. Übrigens nennt man das auch Kopfstandfrage. Die Antworten werden dann nämlich auf den Kopf gestellt, das heißt vom Negativen ins Positive gekehrt. Und schon hat man ganz innovative Lösungsansätze, auf die man sonst nie gekommen wäre.

Hier noch einige bewährte Frage-Beispiele:

- Wie würdest Du führen, wenn Du unbeschränkt Zeit dafür hättest?

- Wie müsste das perfekte Zeitmanagement für Dich aussehen, wenn Du fünf Mal so viele Aufgaben auf dem Tisch hast?

TERMIN-DRUCK...

#17 DIE ULTIMATUM-TECHNIK

Termine machen Druck. Viele von uns sind Deadline Junkies. Die Präsentation erst am Vorabend gemacht. Die Mails im Zug noch schnell verschickt. Das Budget am letzten Tag eingereicht. Termine setzen ist daher ungemein wichtig, damit Dein Projekt zum Lernerfolg führt. Haben Deine Lerner keine Termine im Kopf, bis wann sie einen Baustein oder die gesamte Maßnahme abgeschlossen haben müssen, werden sie sich endlos Zeit nehmen. Vertagt auf den Sankt-Nimmerleins-Tag, you know. Setze also Ultimaten, auch wenn das hart klingt. Beispiel: „Du hast nur noch sieben Tage Zeit, das Training zu absolvieren. Dann schalten wir es ab." Das baut Druck auf und der Lerner wird sich beeilen. Gut möglich, dass er es erst auf den letzten Drücker schafft. Aber er schließt es ab. Und das willst Du ja erreichen.

#18 STORYTELLING

Menschen lieben Geschichten. Hören wir eine gut erzählte Geschichte, sind wir voll dabei. Das war früher am Lagerfeuer so. Und auch heute, denken wir an wilde Urlaubsstorys auf Partys oder in der Kaffeeküche. Oder an Gutenachtgeschichten, die unseren Nachwuchs erst fesseln und dann sanft in den Schlaf wiegen. Kein Wunder also, dass Storytelling eine echte Geheimwaffe für Deine Kommunikation ist. Zum Thema, wie man im Unternehmenskontext spannende Geschichten erzählt, gibt es mittlerweile zahlreiche Ratgeberbücher und YouTube-Videos. Schau Dich um und informiere Dich, welche Überzeugungskraft Du mit guten Storys erreichen kannst.

#19 DER ANKER-EFFEKT

Ein einfacher, aber sehr raffinierter Kniff für Deine Kommunikation. Mit einem Anker setzt Du einen Referenzpunkt, an dem sich Dein Gegenüber dann bei der Bewertung Deiner Information mehr oder minder unbewusst orientiert. Klingt noch sehr theoretisch? Hier mal ein praktisches Beispiel: Wenn Du ein 25-minütiges E-Learning ankündigst, wird sich mancher Lerner wahrscheinlich sagen, dass das ganz schön lange ist. Geht das nicht auch kürzer? Ganz anders wird er die Information bewerten, wenn Du ihm zuvor erklärt hast, dass das E-Learning ursprünglich auf drei Stunden angelegt war. Ihr hättet es aber durch intensivste Bemühungen auf knapp unter eine halbe Stunde komprimiert. Drei Stunden – das ist hier der Anker, den Du gesetzt hast. Gemessen an drei Stunden wird dem Lerner die Investition von 25 Minuten geradezu mickrig erscheinen. Anker-Effekte begegnen uns überall im Alltag. Vorher 149 Euro, jetzt reduziert auf 79 Euro. Intelligent eingesetzt machen sie Dir das Kommunizieren ungemein leichter.

#20 DIE SELBSTERKENNTNIS

Selbsterkenntnis ist der Schlüssel zur Aktivität. Diesen Satz müssen wir natürlich erläutern. Im Prinzip geht es darum, den Lerner auf den Pfad der Selbsterkenntnis zu führen. Ihn also weder zu belehren noch zu bedrängen, eine bestimmte Handlung auszuführen. Wenn wir nämlich das Gefühl haben, uns sei die Einsicht selbst gekommen, sind wir viel eher bereit, ihr zu folgen. Ein Beispiel für eine Argumentationskette, die das Prinzip der Selbsterkenntnis berücksichtigt:

- Sicher kennst Du das aus Deinem Führungsalltag: Es ist immer zu wenig Zeit da.

- Wir wissen, dass Du als Führungskraft hochgradig beschäftigt bist und bewundern es, wie Du täglich einen Berg an Aufgaben bewältigst.

- Fragst Du Dich aber manchmal, ob Du mit einer besseren Priorisierung der Aufgaben weniger Zeitstress hättest?

- Wie wäre das, wenn Dir das in Zukunft mit Leichtigkeit gelingen würde?

Eine solche Argumentation macht dem Lerner keine Vorwürfe, sondern weist ihn sanft auf die eigene Schwäche hin, nämlich die mangelnde Aufgabenpriorisierung. So gelangt er selbst zur Erkenntnis, dass er etwas dagegen unternehmen sollte.

#21 DAS SICH ABFLACHENDE ERREGUNGSPOTENZIAL

Heute hui, morgen pfui. Ganz so arg ist der Effekt beim abflachenden Erregungspotenzial zwar nicht. Aber es geht in eine ähnliche Richtung. Nach der ersten großen Begeisterung für eine neue Sache glätten sich die Wogen der Erregung. Eine Trainingsmaßnahme, die heute noch bombig ankommt, kann beim zweiten oder dritten Mal auf wesentlich weniger Teilnahmebereitschaft treffen. Gerade bei Gamification oder Serious Games passiert das öfters. Anfangs machen alle begeistert mit, bei einer Wiederholung ist dann die Luft raus. Du solltest also darauf achten, dass Du in Deiner Kommunikation immer wieder neue Impulse aussendest. Kreativität ist gefragt, denn mit der Zeit wird es immer kniffliger, aufregende Kommunikationsansätze zu finden, bei denen die Zielgruppen aufmerken. Auf jeden Fall solltest Du darauf gefasst sein, dass selbst eine noch so perfekt gemachte Kommunikation nicht immer so einschlägt wie erwartet. Die Erregung hat sich abgeflacht und braucht neues Futter.

DIE HACKS ENTZÜNDEN
DAS NEURONALE FEUERWERK
DEINER ZIELGRUPPE.

WAS DU IN DIESEM KAPITEL GELERNT HAST:

GUTE KOMMUNIKATION SICHERT DEN PROJEKTERFOLG

- jedes Projekt braucht Kommunikation
- bei der Konzeption immer die entsprechenden Kommunikationsmaßnahmen mitplanen

KOMMUNIKATION ALS SCHLÜSSEL ZUR AUFMERKSAMKEIT

- Botschaften ungewöhnlich kommunizieren, um sich abzuheben von der Masse
- mit Gewohnheiten brechen, die Zielgruppe überraschen

DEN KOMMUNIKATIONSFAHRPLAN ENTWERFEN

- der Fahrplan gibt Überblick, wann und wie welcher Adressat angesprochen wird
- Kommunikationsphasen definieren
- Zielgruppen und Stakeholder festlegen
- Kommunikationsbausteine zuordnen
- Bausteine durchnummerieren

BAUSTEINE IN DIE LEARNER JOURNEY INTEGRIEREN

- die Kommunikationsbausteine auf der Journey platzieren
- eine sinnvolle Abfolge von Kommunikations- und Lernbausteinen entsteht

KERNBOTSCHAFTEN FORMULIEREN

- die Ziele des Projekts auf den Punkt bringen
- die Botschaften bilden die Basis für die Kommunikationsstrategie

8. QUALITÄTS-CHECK UND PILOTIERUNG

HIER ERFÄHRST DU,

- wie Du Dein Training mit dem Yummy-Check prüfst.
- welche neun Kriterien die Qualität Deines Trainings bestimmen.
- in welchen Schritten Du eine 360-Grad-Bewertung durchführst.
- wie Du Dein Blended-Learning-Projekt pilotierst.

10/11 SCHRITT 10: DEN YUMMY-CHECK DURCHFÜHREN

Der zehnte Schritt unserer Elf-Schritte-Anleitung. Du prüfst die Qualität Deines Trainingsdesigns. Hierfür haben wir ein sehr praktisches Werkzeug entwickelt: unser Yummy-Toolkit, den ersten Qualitätsstandard für Trainings. Mit dem Yummy-Check überprüfst Du, ob Du alles richtig gemacht hast, damit Dein Training dem Lerner auch wirklich schmeckt. Das Toolkit in Form eines praktischen Klappflyers kannst Du auf **yummy-toolkit.com** kostenlos anfordern.

bit.ly/2PftuYp

Im Toolkit findest Du die neun Qualitätskriterien für Deinen Check. Im nächsten Abschnitt stellen wir sie Dir kurz vor.

Lade Dir für Deinen Check über die Website **yummy-toolkit.com** den Quick-Check herunter. Dabei handelt es sich um ein Excel-Tool, mit dem Du eine Schnellanalyse der Trainingsqualität durchführst. In sieben Minuten hast Du das Ergebnis. Very quick, nicht wahr?

8. QUALITÄTSCHECK UND PILOTIERUNG

NEUN QUALITÄTSKRITERIEN FÜR DEN CHECK

Die Qualität entscheidet darüber, ob Dein Lernprodukt dem Lerner schmeckt. Stell es Dir so vor: Du lädst ein paar Freunde und Bekannte zu Dir nach Hause zum Abendessen ein. Du machst Dir Gedanken über das Menü und die passenden Getränke, die Sitzordnung, die Tischdeko und das weitere Ambiente. Du willst alle Qualitätskriterien in Sachen Genuss und Gastfreundschaft erfüllen. Denn jeder Deiner Gäste soll mit dem schönen Gefühl nach Hause gehen: Das war ein wunderbar gelungener Abend!

Wir geben Dir neun wichtige Qualitätskriterien an die Hand. Es sind praktisch die Zutaten, die Du brauchst, damit Du ein Lernprodukt schaffen kannst, das den Lernern – quasi Deinen Essensgästen – wirklich „Yummy!" schmeckt.

1. Relevanz

Alles, was nicht relevant für uns ist, vergessen wir. Für den Lerner sollten also die jeweiligen Inhalte und Informationen des Lernprodukts von hoher Relevanz sein. Nur dann ist der Lernerfolg sicher. Woher weißt Du nun, was für ihn interessant ist und was nicht? Dank der Persona-Beschreibungen kannst Du die Interessen und Bedürfnisse der Lerner schon recht gut einschätzen. Letzte Sicherheit gibt Dir aber nur ein Test mit Vertretern der Zielgruppe. Interessieren diese die Lerninhalte? Sagen sie: „Ja, dieses Wissen kann ich wirklich gebrauchen!"?

Keine Sorge, Du musst nicht Mitarbeiter aus entlegenen Standorten einfliegen lassen und in einen mehrtägigen Intensiv-Workshop stecken. Wähle ein Lernziel aus, setze es mit einer Methode Deiner Wahl um und teste diese Umsetzung dann an ein paar Zielgruppenvertretern. Für das Feedback reichen Telefongespräche mit den Teilnehmern. Du schärfst dadurch auf sehr effektive Weise den Relevanzfilter.

Vergiss nie: Relevanz ist das einzige Mittel, um die intrinsische Lernmotivation der Teilnehmer sicherzustellen. Aufmerksamkeit und Neugier allein reichen nicht. Außerdem speichert unser Gehirn nur solche Informationen ab, die ihm relevant erscheinen.

2. Einfachheit

Menschen lieben es einfach. Das Thema hatten wir schon. Die wachsende Komplexität in Unternehmen ist für die meisten Mitarbeiterinnen und Mitarbeiter schon Herausforderung genug. Da musst nicht auch noch Du mit einem hochkomplexen Lernprodukt kommen. Halte es einfach und trotzdem effektiv.

Wenn Du Dir Klarheit verschaffen willst, ob Dein Produkt einfach genug ist, helfen Dir Tests weiter. Teste an Vertretern Deiner Zielgruppe, wie gut (oder schlecht) sie mit dem Produkt zurechtkommen. Falls das in Deinem Fall zu aufwendig ist, gibt es eine weitere Möglichkeit: Du lässt Kollegen die Perspektive der Personas einnehmen. Bei drei Personas brauchst Du drei versierte Menschen, die sich den jeweiligen Hut aufsetzen und das Lernprodukt aus Sicht ihrer Figur betrachten.

Je einfacher Du es dem Lerner machst, umso wahrscheinlicher ist es, dass er seine Lernziele erreicht. Ein komplexes Lernprodukt mag auf den ersten Blick wertvoller aussehen. Doch am Ende ist es wichtig, dass genügend kognitive Kapazität für den Inhalt übrig bleibt und nicht alles mit Toolbedienung verbraucht wird.

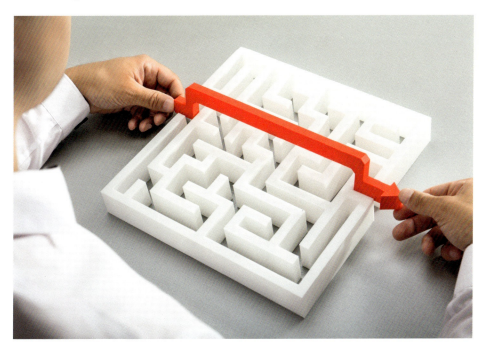

3. Schnelligkeit

Nicht nur einfach, auch schnell sollen uns Dinge von der Hand gehen. Zumindest ist das unser Wunsch in der Arbeitswelt. Natürlich hat das auch etwas mit steigendem Zeitdruck zu tun, selbst wenn dieser nur gefühlt sein mag. Zeitverschwendung gilt im Job, aber auch in Teilen des Privatlebens, als Todsünde. Fatal wäre es also, wenn Dein Lernprodukt den Eindruck erwecken sollte, man würde mit ihm kostbare Zeit verplempern. Wert ist immer das Verhältnis von Zeitaufwand und persönlichem Nutzen. Nimmt der Lerner das Lernerlebnis als zeitraubend wahr, fällt der gefühlte Wert bei gleichem Content.

Du merkst, es geht hier um die Empfindungsebene. Erreichen willst Du, dass der Lerner Dein Produkt als effizient und effektiv empfindet: Damit lerne ich schnell genau das, was ich will! Achte also darauf, dass Dein Produkt dieses Erlebnis ermöglicht. An Technik, Struktur und Inhalt kannst Du vielleicht auch noch schrauben. Schnellere Ladezeiten, kürzere Lerneinheiten, prägnantere Texte. Auch so wird Dein Produkt schneller.

4. Klarheit

Im Lernprozess ist Desorientierung ein absoluter Motivationskiller. Der Lerner sollte im Idealfall stets wissen, was er da gerade warum tut. Er braucht Klarheit und Orientierung. Ob Dein Lernprodukt für ebendiese sorgt, kannst Du leicht prüfen. Schreite die verschiedenen Stationen der Learner Journey ab. An jeder Station stellst Du Dir diese drei Fragen (aus Sicht des Lerners formuliert):

1. Was muss ich tun?

2. Was habe ich bereits getan?

3. Wie viel Zeit muss ich für das aufwenden, was noch von mir erwartet wird?

Anhand dieser Fragen bekommst Du einen Eindruck, wie klar Dein Produkt ist. Falls Du fürchtest, dass Du bereits hochgradig betriebsblind bist und eine neutralere Sichtweise brauchst: Am besten testest Du das Training noch einmal an zwei, drei Vertretern der Zielgruppe. Schicke sie einmal durch den Lernprozess, lass sie laut denken und höre aufmerksam zu. Dieser „Hausfrauentest" liefert Dir viele wichtige Erkenntnisse, wo und wie Du die Klarheit deutlich erhöhen kannst.

5. Praxisnähe

Theorie und Praxis klaffen in der Regel auseinander. Beim Überbrücken dieser Kluft solltest Du dem Lerner helfen. Erwarte lieber nicht, dass er theoretische Inhalte eigenständig in Erkenntnisse für seinen Praxisalltag übersetzt. Die große Frage lautet immer: Wie kannst Du Informationen so anbieten, dass der Lerner sie ohne extra Anstrengung mit seinen Alltagsproblemen verknüpfen kann? Wichtig ist, dass Du die Theorie mit vielen praktischen Beispielen unterfütterst. Anwendungsbeispiele aus der Praxis helfen dem Lerner zu erkennen, was das Gelernte für seinen Arbeitsalltag bedeutet. Er kann die Theorie in die Praxis übersetzen.

Aus neurowissenschaftlicher Sicht kann man all dies gut erklären. In den neuronalen Netzwerken unseres Gehirns sind zahllose Anwendungsfälle aus unserem Alltag gespeichert. Wenn wir nun Informationen aufnehmen, die zu diesen Fällen passen, können wir sie relativ leicht vernetzen und damit speichern.

Klingt Dir noch zu theoretisch? Hier mal ein praktisches Beispiel: Du willst endlich kochen lernen und startest mit Pasta. So eine Pastasauce ist ja schnell gemacht. Du hast bereits einige Rezepte ausprobiert. Nur waren die Saucen meist zu dünnflüssig. Statt sich sanft um die Nudeln zu legen, schwappte die Sauce auf dem Tellerboden herum. Nun erklärt Dir ein guter Freund, der ein großartiger Hobbykoch ist, wie Du mit ein paar Tricks die Konsistenz der Sauce optimieren kannst. Zum Beispiel mit bindender Maisstärke. Saucenkonsistenz? Abbinden mit Maisstärke? Vor einiger Zeit hättest Du da die Ohren auf Durchzug gestellt. Jetzt aber, mit Deiner Kocherfahrung, nimmst Du diese Ratschläge begeistert auf. Der Praxistransfer fällt Dir leicht, weil Dein Gehirn die neuen Informationen problemlos vernetzen kann.

Deinen Lernern sollte es mit Deinem Lernprodukt ähnlich gehen. Dank der praxisnahen Ausrichtung des Trainings erkennen sie die Relevanz für ihren Alltag, lernen begeistert und setzen das neue Wissen im Alltag um. So wie Du mit Deiner Pastasauce. Buon appetito!

6. Selbstbestimmung

Kommen wir zu einem besonders wichtigen Bedürfnis des Lerners, der Selbstbestimmung. Meist ist es im Unternehmen so: Je höher ein Mensch in der Hierarchie steht, umso stärker will er selbstbestimmt handeln. Aber natürlich haben Menschen auch unabhängig vom Status das Bedürfnis, möglichst wenig fremdbestimmt zu agieren. Woher kommt dieses Streben nach Selbstbestimmung?

Schauen wir uns die drei sozialen Grundbedürfnisse an:

- **Soziale Eingebundenheit:** Wir wollen Teil einer sozialen Gruppe sein. Denn innerhalb der Herde ist es sicherer und bequemer für uns als allein irgendwo da draußen in der Wildnis.

- **Kompetenz:** Wir wollen (und müssen) unseren Teil zum sozialen Ganzen beitragen.

- **Selbstbestimmung:** Wir wollen uns möglichst wenig vorschreiben lassen, unseren Werten und Vorstellungen gemäß leben und handeln.

Fremdbestimmung ist demnach ein No-Go für die meisten Menschen. In der Schule und anderswo haben wir da aber viele negative Erfahrungen gesammelt. Überall dort wurde unsere Selbstbestimmung eingeschränkt. Jetzt etwa auch noch beim Lernen im Unternehmen?

Dein Lernprodukt sollte den Lerner selbstbestimmt lernen lassen. Das heißt zum Beispiel:

- Er sollte sich an keine starre Lernreihenfolge halten müssen.

- Die Tiefe der Information kann er individuell wählen.

- Auch den Zeitpunkt des Lernens bestimmt er selbst.

Auch hier solltest Du wieder aus der Perspektive Deiner Zielgruppe (also anhand der Personas) Dein Lernprodukt durchleuchten. Ist der Grad der Selbststimmung hoch genug?

7. Authentizität

Wenn eine Information unserem Weltbild widerspricht, halten wir sie erst einmal für falsch. Glaubwürdiger, sprich authentischer, sind für uns Fakten, die sich mit unserem bisherigen Wissensstand decken. Und wir glauben natürlich solchen Informationsquellen mehr, die uns bekannt sind und denen wir vertrauen.

Was bedeutet dies für Dein Lernprodukt? Die Inhalte sollten dem Lerner in hohem Maße authentisch erscheinen. Salopp gesagt: Du musst ihn dort abholen, wo er ist. Selbstverständlich darfst Du ihm keinen Honig um den Bart schmieren. Wenn Du ihn ausschließlich in dem bestätigst, was er weiß, bliebe ja der Lernfortschritt aus. Die Informationen sollten vielmehr so beschaffen sein, dass sie ihn leicht irritieren und zum Nachdenken anregen. Erscheint ihm die Information nützlich, wird er sie aufnehmen und gegebenenfalls sein Weltbild erweitern. Alle Informationen, die er fernab seines Weltbilds verortet, verwirren ihn nur. Sein Gehirn wird sie so schnell wie möglich entsorgen. Sollte es doch einmal nötig sein, Wissen zu vermitteln, das weit vom Weltbild entfernt ist, sollte dies durch eine Person mit hoher emotionaler Legitimation passieren. Dies könnte zum Beispiel der beste Verkäufer des Unternehmens sein, der skeptische Vertriebler von der neuen Markenkommunikation überzeugt, die das Marketing sich ausgedacht hat. Er erklärt ihnen mit lebendigen Beispielen, dass es sich durchaus lohnt, das Verkaufsverhalten im Sinne der neuen Markenausrichtung anzupassen.

Wieder ist ein Zielgruppentest sinnvoll, um zu checken, ob die Inhalte und das Produkt an sich als authentisch wahrgenommen werden. Telefoniere einfach mal mit ein paar Testpersonen aus Deinem Unternehmen und gehe die Lernziele mit ihnen durch. Die Reaktionen und Meinungen werden Dir enorm weiterhelfen.

8. Motivation

Ohne Motivation rührt sich kein Lerner. Wenn Du die Motive Deiner Zielgruppen nicht kennst, kannst Du auch kein gutes Lernprodukt für sie entwickeln. Du siehst also einmal mehr, wie wichtig die Arbeit mit Personas ist. Welchen Einfluss die Motive Deiner Zielgruppen auf das Lernprodukt haben, zeigen wir Dir an einem Beispiel:

Vier Kolleginnen und Kollegen wollen in ein Café gehen. Kollegin A freut sich auf sanft gerösteten peruanischen Bio-Hochlandkaffee. Kollege B sucht ein entspanntes Ambiente. Kollegin C hatte kein Frühstück und nun Appetit (oder sogar Kohldampf) auf einen belegten Bagel. Kollege D will einfach nur mal raus dem Büro. Jeder der vier hat also ein anderes Motiv für den Cafébesuch. Der clevere Cafébesitzer hat alle vier Motive bedacht und kann diese auch bedienen. Den Kaffee-Aficionados bietet er sorgsam ausgewählte Qualitätskaffees aus aller Welt. Die jazzige Hintergrundmusik und der unaufdringliche Service tragen zu einer entspannten Atmosphäre bei. Für Hungrige gibt es ein famoses Sortiment an Kuchen und Sandwiches. Die Gäste können an ihrem Notebook arbeiten, ein Buch lesen oder einfach nur aus dem Fenster schauen.

Ist Dein Lernprodukt so gut geplant und umgesetzt wie dieses Café? Erkennen die Zielgruppen schnell und einfach, welchen Nutzen ihnen das Produkt bringt? Falls sich ein Lernprodukt einmal nicht mit der Motivlage der Zielgruppe deckt, musst Du durch Kommunikation die Brücke schlagen zwischen Motiv und Lernziel. So verdeutlichst Du der Zielgruppe den Nutzen. Denken wir an das beliebte Thema Zeitmanagement. Viele Mitarbeiter haben bereits entsprechende Trainings absolviert. In vielen Fällen ist der Umsetzungserfolg allerdings überschaubar. Es fehlt den meisten einfach an der nötigen Disziplin.

An diese Einsicht in die Motivlage der Zielgruppe kannst Du nun anknüpfen. Du entwickelst für Dein Trainingskonzept ein paar knackige Methoden, wie man sein Zeitmanagement ohne große Disziplin verbessern kann. Das entsprechende Lernprodukt bewirbst Du dann kommunikativ mit dem Versprechen: „In 15 Minuten das Zeitmanagement auch ohne Disziplin beherrschen." So sprichst Du all jene Lerner an, die ihre Zeit effektiver nutzen wollen, aber wenig Disziplin an den Tag legen. Selbstverständlich musst Du das Versprechen „nur 15 Minuten!" auch ehrlich erfüllen können.

9. Hochwertigkeit

Sollte Dein Lernprodukt hochwertig herüberkommen? Selbstverständlich. Nur sollte das Äußere immer zum Inneren passen. Was nützt es, wenn Dein Produkt schön lackiert ist, unter dieser Hülle aber ein schlecht durchdachtes Lernvehikel schlummert? Die erste Begeisterung der Lerner wird schnell verfliegen. Erledige besser alle Hausarbeiten (die bisherigen acht Kriterien helfen Dir dabei) und kümmere Dich dann um das äußere Erscheinungsbild Deines Produkts. So wie beim Kochen. Du bringst alle Zutaten zusammen, kochst etwas Wunderbares und richtest es anschließend appetitlich an. Anrichten vor dem Kochen würden wir Dir nicht empfehlen.

Wenn der Lerner Dein Lernprodukt als hochwertig wahrnimmt, steigt für ihn die Qualität der Inhalte. Ein Lernprodukt kann inhaltlich noch so hoch qualitativ sein, wird es optisch nicht dementsprechend umgesetzt, spricht man ihm automatisch die Qualität ab. So ist es bei alltäglichen Gegenständen ebenfalls.

Ein hochwertiges Lernprodukt betrachtet der Lerner als wertvoller für sich. Auch persönlich fühlt er sich wertgeschätzt. Dieser Aspekt ist nicht zu unterschätzen. Lerner spüren sehr deutlich, ob man sich für sie angestrengt hat. Dann steigt auch ihre Motivation, ihrerseits Energie und Zeit ins Lernprodukt zu stecken: „Da hat sich die PE aber wirklich Mühe gegeben! Hat sicher einiges gekostet." Und nicht: „Hat das der Prakti gemacht? Sieht zumindest so aus." Warum sollte die Zielgruppe auch etwas wertschätzen, für das sie offensichtlich nicht wertgeschätzt wurde?

Nicht zuletzt ist der „joy of use" höher: Es macht einfach Spaß, sich mit einem hochwertigen Produkt zu beschäftigen. Aber Vorsicht! Viele schlechte Lernprodukte retten sich so über den Berg. Sie sind inhaltlich und didaktisch nicht gut umgesetzt, machen aber Spaß, weil zum Beispiel Gamification-Elemente vorkommen. Die Lerner absolvieren dann motiviert ein inhaltlich komplett irrelevantes Training. Spaß beim Tun ist nicht alles, der Inhalt muss stimmen!

11/11 SCHRITT 11: 360-GRAD-BEWERTUNG DURCHFÜHREN

Der elfte und letzte Schritt unserer Elf-Schritte-Anleitung. Du prüfst abschließend, ob Dein Projekt rund ist. Und zwar 360 Grad. Das ist nicht nur die ideale Temperatur beim Pizzabacken, sondern auch der beste Weg für eine umfassende Bewertung. Diesen Check kannst Du alternativ oder ergänzend zum Yummy-Check machen.

bit.ly/2rks70n

DAFÜR NIMMST DU DIR SECHS BEWERTUNGSKRITERIEN VOR:

MACHBARKEIT 1
*Ist das Projekt so umsetzbar?
Hast Du alle Rahmenbedingungen wie
Ressourcen, Zeit, Technik etc. beachtet?*

PILOTIERUNG 6
*Für einen letzten Check gehst Du das
Lerndesign mit zwei bis drei kritischen
Vertretern der Zielgruppe durch. Oder
Du führst eine Pilotierung durch. Wie
das funktioniert, zeigen wir Dir im
nächsten Abschnitt.*

EMOTIONEN UND GEDANKEN 5
*Werden alle Emotionen und Gedanken der
Zielgruppe richtig adressiert?
Also zum richtigen Zeitpunkt, auf die richtige Weise?*

**BLENDED-LEARNING BAUKASTEN:
SO GEHT'S**

SIEHE S. 34/35 UND 36/37

DER BLENDED-LEARNING
BAUKASTEN

Nimm Dir die Poster mit der Management Summary und der Learner Journey vor. Gehe die sechs Bewertungskriterien wie beschrieben durch.

REIHENFOLGE

Ist die Abfolge der Lernbausteine schlüssig? Am besten nimmst Du Dir dafür die Persona-Karte der Hauptzielgruppe vor, versetzt Dich in ihre Position und marschierst alle Schritte noch einmal ab.

LERNZIELE

Sind alle Groblernziele berücksichtigt? Geh alle Schritte der Learner Journey noch einmal durch, um das zu checken.

PROJEKTZIELE

Sind die Projektziele über den gewählten Weg erreichbar? Auch hier solltest Du noch einmal alle Bausteine durchgehen und auf Zielgenauigkeit prüfen. Haben sich auch keine Nicht-Ziele ins Trainingsdesign eingeschlichen?

PILOTIERUNG DES PROJEKTS

Wann ist eine Pilotierung sinnvoll? Falls Du Dir absolut sicher bist, dass Dein Projekt fliegen wird, brauchst Du sie nicht. Solltest Du aber Zweifel haben, ist sie der richtige Weg für Dich. Sie gibt Dir Sicherheit, dass Dein Trainingsdesign optimal auf die Zielgruppe ausgerichtet ist.

Bei der Pilotierung erprobst Du Dein Projekt unter Live-Bedingungen. Du stellst eine Pilotgruppe aus Teilnehmern zusammen, die einen Querschnitt Deiner Zielgruppe darstellt. Der Mix sollte wirklich passen. Diese Pilotgruppe durchläuft dann die gesamte Lernstrecke oder eine Teilstrecke in zeitlich verkürzter Form.

Die Erfahrungen der Teilnehmer fragst Du gezielt ab und wertest die Antworten aus. So erhältst Du ein relativ realistisches Bild, wie Deine Zielgruppe mit dem Trainingsdesign klarkommt.

Dank iterativem Vorgehen kannst Du Anpassungen vornehmen und Dein Design optimieren. Idealerweise startest Du mit der Pilotierung rund sechs bis acht Wochen vor dem Rollout Deines Trainings.

WAS DU IN DIESEM KAPITEL GELERNT HAST:

DEN YUMMY-CHECK DURCHFÜHREN

- anhand von neun Qualitätskriterien das Trainingsdesign prüfen, hierfür unbedingt den Quick-Check machen

---

NEUN QUALITÄTSKRITERIEN FÜR DEN CHECK

- Relevanz: Irrelevantes ignoriert bzw. vergisst der Lerner; Umfragen in der Zielgruppe schärfen den Relevanzfilter
- Einfachheit: Komplexität schreckt Lerner ab; Zielgruppentests geben Klarheit
- Schnelligkeit: Lerner will Zeit effektiv nutzen; Produkt muss als schnell erlebt werden
- Klarheit: Desorientierung des Lerners vermeiden; Klarheit im Lernprozess testen
- Praxisnähe: Praxistransfer braucht Unterstützung; Anwendungsbeispiele helfen beim Transfer
- Selbstbestimmung: selbstbestimmtes Handeln ist ein soziales Bedürfnis; Lerner sollte gemäß seinen Wünschen lernen können
- Authentizität: glaubwürdig ist das, was bekannt ist; Inhalte sollten wenig vom Weltbild des Lerners abweichen

- Motivation: Lernprodukt muss Motive der Zielgruppe bedienen; Kommunikation vermittelt Nutzen, falls Lernziel von Motivlage abweicht
- Hochwertigkeit: Verpackung und Inhalt des Lernprodukts sollten stimmig sein; erst ein gutes Produkt konzipieren, dann hochwertig verpacken; äußere Wertigkeit strahlt auf den Inhalt aus; Lerner fühlt sich wertgeschätzt, der „joy of use" steigt

360-GRAD-BEWERTUNG DURCHFÜHREN

- das gesamte Projekt abschließend prüfen
- sechs Bewertungskriterien anlegen

PILOTIERUNG DES PROJEKTS

- Pilotgruppe bilden, die den Querschnitt der Zielgruppe abbildet
- Lernstrecke komplett oder teilweise testen
- Erfahrungen der Teilnehmer auswerten und für Optimierung nutzen

TEIL C
DAS TRANSFERDESIGN

9. DIE TRANSFER-STRECKE ENTWICKELN

HIER ERFÄHRST DU,

- welche Gründe für ein Transferkonzept sprechen.
- wie Du eine automatisierte Transferbegleitung baust.
- warum intelligente Transferdesigns eine smarte Sache sind.
- worin die fünf Qualitätskriterien von Transferkampagnen bestehen.
- welche Fragen Du Dir vor Konzeptionsbeginn stellen solltest.
- wie Du das Transferdesign entwickelst.
- wie Du ganz einfach Transferstärken und -schwächen ermittelst.

WARUM EIN TRANSFERKONZEPT?

Diese Frage könnte Dir Dein Auftraggeber am Anfang stellen: Warum brauchen wir denn überhaupt ein Transferkonzept? Bislang hat doch ein Training gereicht! Genau an diesem Punkt solltest Du in Deiner Argumentation ansetzen und ihn mithilfe dieses vierstufigen Modells überzeugen:

1. STUFE
Dies sind die Wissensinhalte, die im Training vermittelt werden sollen.

2. STUFE
Das Wissen, das beim Lerner wirklich ankommt, das er also verstanden und gespeichert hat. Die Differenz zwischen Soll (siehe Stufe 1) und Haben ist bereits deutlich.

3. STUFE
Die Inhalte und Methoden, die der Lerner in seinem Alltag umsetzen will. Erneut gibt es einen Verlust im Vergleich zur vorherigen Stufe.

4. STUFE
Und hier sind schließlich die Inhalte und Methoden, die er tatsächlich umsetzt. Laut Transferforschung sind das ca. 15% von der Stufe 2.

Diese ernüchternde Argumentationskette sollte jedem Zweifler zeigen, dass es sich lohnt, auf ein schlaues Transferkonzept zu setzen. Es wäre grob fahrlässig, es nicht zu tun. Wer will schon einen Wertverlust von bis zu 92 Prozent in Kauf nehmen?

INTELLIGENTE TRANSFERDESIGNS

Was zeichnet intelligente Transferdesigns aus? Sie erfüllen mehrere Funktionen, die alle einem Ziel dienen: das Verhalten der Mitarbeiter zu entwickeln. Sie bringen die Lerner einfacher und schneller in die Umsetzung. Sie helfen damit, die Lücke zwischen Theorie und Praxis, zwischen Erlerntem und Angewandtem, zu schließen. Damit dies gelingt, ermöglichen sie dem Lerner unter anderem viele positive Ersterfahrungen. Schauen wir uns das einmal genauer an.

Intelligentes Trainingsdesign beherzigt eine Erfolgsformel, die im Gaming-Bereich für Milliardenumsätze sorgt: den Path of Mastery. Auf diesem Pfad lernt der User Schritt für Schritt dazu. Er startet dabei auf einem Level, den er sprichwörtlich spielend meistern kann. Und dann wird es nach und nach immer kniffliger. Beispiel Tetris: Auf Level 1 fallen die Blöcke derart langsam herab, dass man sich in Ruhe einen Kaffee holen kann. Auf Level 99 hingegen haben sie ein Irrsinnstempo drauf. Da kommen nur noch die echten Master mit, die zuvor Level für Level ihre Fähigkeiten trainiert und verfeinert haben.

Das Prinzip des Path of Mastery lässt sich perfekt auf die Transferphase übertragen. Wir knallen dem Lerner keine übergroßen Aufgaben vor die Füße, sondern holen ihn erst mal mit kleinen, smarten Aufgaben ab, die ihn nicht überfordern. So sammelt er positive Ersterfahrungen und kriegt Lust darauf, sich immer weiter zu verbessern.

Ein weiteres Beispiel, um das zu veranschaulichen: Denken wir dran, wie wir Fahrrad fahren gelernt haben. Wir fingen meistens mit dem Dreirad an, lernten so das Steuern mit dem Lenker und ein paar andere Basics. Dann stiegen wir auf das Kinderfahrrad mit Stützrädern um und trainierten, das Gleichgewicht zu halten. Bis wir schließlich – anfangs mit einer Elternhand am Sattel – ganz ohne Hilfsmittel auf zwei Rädern fahren konnten. Jede Aufgabe war etwas schwieriger als die vorherige, jedes Mal gab es Anerkennung und Bestätigung, als wir sie gelöst hatten. So ähnlich läuft es, wenn ein Lerner ein neues Verhalten für seinen Arbeitsalltag erlernen soll. Aufgabe für Aufgabe arbeitet er sich vor bis zum Transferziel.

Wenn der Transfer scheitert, liegt das oft daran, dass der Einstiegspunkt für den Lerner zu hoch angesetzt worden ist. Er sollte quasi direkt auf Tetris-Level 23 oder gar 48 spielen, obwohl er blutiger Anfänger ist. So was kann nicht gut gehen. Negative Ersterfahrung gemacht, die Enttäuschung oder der Frust ist groß, das Weitermachen wird zur Qual. Um das zu verhindern, solltest Du Dich am Path of Mastery orientieren und Dein Lerndesign entsprechend aufbauen. Wie das geht, verraten wir Dir hier:

bit.ly/2zIo9ni

FÜNF QUALITÄTSKRITERIEN FÜR GUTE TRANSFERIMPULSE

Hier kommt eine kleine Checkliste für Dich, damit Du die Qualität Deiner Transferkampagne prüfen kannst. Achte auf diese fünf Kriterien:

1. NIEDRIGSCHWELLIGER EINSTIEG

Mache es Deinen Lernern leicht. Der Aufwand für sie sollte niedrig sein, die Aufgaben überschaubar und einfach. So meidest Du den Ablehnreflex im Alltag.

2. KÜRZER ALS SIEBEN MINUTEN

Den Impuls zu verstehen, sollte nicht länger als sieben Minuten in Anspruch nehmen. Die Ausführung der Aufgabe selbst kann dann länger dauern. Ausreden wie „Ich hatte keine Zeit, mich damit zu beschäftigen" entziehst Du so den Boden.

3. HOHE ERFOLGS-WAHRSCHEINLICHKEIT

Wenn der Lerner den Impuls umsetzt, ist eine Belohnung in greifbarer Nähe. Das spornt ihn an und schützt vor Enttäuschungen, die demotivieren.

4. GROSSE ANWENDUNGS-WAHRSCHEINLICHKEIT

Der Lerner wendet das Gelernte an, weil der Impuls ein typisches Alltagsszenario behandelt. Er lernt für die Praxis, nicht für die Personalakte.

5. FOKUSSIERT AUF PRAXISRELEVANZ

Dem Lerner sollte der unmittelbare Nutzen für sein tägliches Tun, den er durch die Umsetzung erzielt, bewusst werden.

> **BLENDED-LEARNING BAUKASTEN:**
> **SO GEHT'S:**
>
> Alle fünf Qualitätskriterien haben wir oben auf dem Transferdesign-Toolkit-Poster für Dich aufgelistet. Das Poster kannst Du bei uns bestellen (siehe Link auf S. 137 unten).

DIE TRANSFERBEGLEITUNG EINFACH AUTOMATISIEREN

Selbst wenn die allgemeine Einsicht vorherrscht, dass ein Transferkonzept sinnvoll ist, schrecken viele Entscheidungsträger vor einer Sache zurück: dem manuellen Aufwand der Transferbegleitung. Eine teure App bauen, die mit hohem Aufwand betrieben und gepflegt werden muss? Das trauen sich viele Unternehmen nicht zu, und sie scheuen zu Recht die hohen Kosten und den IT-Aufwand.

Dabei geht es auch einfacher und kostengünstiger. Wir haben nämlich eine Transfer-App entwickelt, die rein browserbasiert funktioniert.

Dies sind die Vorteile:

- sie läuft auf PC, Tablet oder Smartphone und ist damit überall nutzbar
- dank eines intuitiven Autorentools können auch Mitarbeiter mit wenig Erfahrung Inhalte einstellen und pflegen
- mit wenigen Klicks (und dem entsprechenden methodischen Know-how) könnt Ihr ausgefeilte Transferkampagnen bauen
- die komplette Transferbegleitung läuft automatisiert: den Lerner antriggern, ihm Lernimpulse senden, Quizfragen stellen etc.
- Reminder-E-Mails holen den Lerner immer wieder in den Lernprozess hinein
- für den Lerner entsteht so ein spürbares Erfolgserlebnis beim Lernen

Wenn Du all das einmal ausprobieren willst, senden wir Dir gerne die Zugangsdaten für Deinen Test-Account zu: alex@bildungsinnovator.de

WICHTIGE FRAGEN VOR KONZEPTIONSBEGINN

In diesem und dem nächsten Abschnitt arbeiten wir mit dem Transferdesign Toolkit. Dieses Poster kannst Du kostenlos bei uns bestellen: **bit.ly/2PyihGB**. Auch wenn Du das Poster noch nicht besitzt, findest Du in den folgenden Ausführungen viele gute Vorgehensideen für Dein Transferdesign. Das Transferdesign Toolkit hilft Dir, die Transferphase lernerzentriert zu gestalten.

bit.ly/2PyihGB

Das ist nun möglich

Feedback betrachten sie nicht mehr als Zusatzarbeit, sondern als Stellhebel, um ihre Effizienz zu erhöhen

Links unten definierst Du die Ausgangsbasis: Wo stehen die Teilnehmer jetzt, also am Anfang der Transferstrecke? Rechts oben steht der gewünschte Zustand: Wohin wollen wir die Teilnehmer entwickeln, was soll nun möglich sein? Zum Beispiel könnten die Teilnehmer am Ende der Maßnahme, sprich zu Beginn der Transferphase, hier stehen:

- sie wissen, dass Feedback ein sinnvolles Führungsinstrument ist
- ihnen fehlt aber der Mut, dieses Instrument auszuprobieren
- außerdem haben sie im Arbeitsalltag negative Erfahrungen gesammelt

Passend dazu könnte der gewünschte Zustand der Teilnehmer am Ende des Programms so aussehen:

- Feedback betrachten sie nicht mehr als Zusatzarbeit, sondern als Stellhebel, um ihre Effizienz zu erhöhen

Auf dem Weg vom Ausgangs- zum Endzustand können die Teilnehmer auf Hindernisse stoßen. So ist es zum Beispiel einfach und verführerisch, sich um Aufgaben zu kümmern, bei denen man sofort eine Veränderung sieht. Feedback als Führungsinstrument bringt aber in der Regel erst zeitversetzt Früchte. Hier ist ein längerer Atem erforderlich, darauf sollte der Lerner vorbereitet sein. Wer sich beim ersten Ausprobieren des Erlernten unsicher fühlt, für den ist die Versuchung groß, in alte Muster zurückzufallen. Deshalb ist eine gute Transferbegleitung so wichtig. Sie unterstützt den Lerner und sorgt dafür, dass er sich Schritt für Schritt entwickelt, ohne an Hindernissen zu scheitern.

Schreibe beide Zustände auf Stattys Notes und pinne diese auf das Poster. Du siehst, sie sind durch einen langen Pfad miteinander verbunden.

Auf diesem Weg lauern einige Hindernisse auf die Zielgruppe:

VERFÜHRUNGEN,
DIE SIE ABLENKEN

BEQUEMLICHKEITEN,
DIE SIE LÄHMEN

ALTE MUSTER,
DIE SIE FESTHALTEN

GEGNER,
DIE SIE STOPPEN WOLLEN

SCHLAGLÖCHER,
DIE SIE STOLPERN LASSEN

VERHALTENSWEISEN,
DIE SIE RUNTERZIEHEN

Damit diese Hindernisse den Lernerfolg nicht behindern, solltest Du sie klar identifizieren und im Lerndesign berücksichtigen und auflösen. Wie relevant sie jeweils sind, ermittelst Du anhand der Personas. Im folgenden Abschnitt zeigen wir Dir, wie Du dabei vorgehst.

DAS TRANSFERDESIGN ENTWICKELN

Jetzt wird es spannend. Du baust das Transferdesign, den Weg also, der Deine Zielgruppe sicher zum großen Umsetzungsziel führen soll. Idealerweise machst Du das gemeinsam mit ein paar Leuten Deines Teams.

Ihr nehmt Euch jeder einen Stapel Transferdesign-Karten. Jeder für sich formuliert nun ein paar Ideen für Transferimpulse, je konkreter, desto besser. In der unteren Hälfte der Karten findet Ihr ein Inspirationsbuffet, dazu gibt es ein Download-Dokument (**bit.ly/2zNKwYT**), das Ihr ausdrucken und danebenlegen könnt. Zusammen mit den Qualitätskriterien und den Personas-Karten wird Euch dieses Buffet auf jede Menge gute Ideen bringen. Kreuzt unten auf der Karte die jeweilige Impulsart an (oder tragt gegebenenfalls eine selbst formulierte Impulsart ein) und gebt an, um welchen Schwierigkeitsgrad es sich handelt. Dosenravioli? Also ganz einfach, so wie Tetris-Level 1. Burger? Schon etwas anspruchsvoller. Oder gar T-Bone-Steak? Nur was für weit Fortgeschrittene, das Äquivalent zu Tetris 50 und darüber.

bit.ly/2zNKwYT

Nach rund 20 Minuten sammelt Ihr alle Karten ein und sortiert sie nach Schwierigkeitsgrad. Ihr habt jetzt drei schöne Stapel. Nehmt Euch nun den Dosenravioli-Stapel vor. Die niedrigste Stufe also. Wählt die besten Transferimpulse dieses Stapels aus und pinnt die Karten auf das Poster. Diese Impulse sind recht einfach, sie eignen sich gut für die Einstiegsphase.

Genauso geht Ihr mit den beiden anderen Stapeln vor. Schritt für Schritt baut Ihr so die Transferstrecke auf. Achtet darauf, dass rund 70 Prozent der Impulse eine Umsetzungsaufgabe umfassen. Nur so könnt Ihr sicher sein, dass die Zielgruppe wirklich ins Handeln kommt.

Dann geht es an den Zielgruppen-Check: Nehmt Euch noch einmal die Beschreibungen der Personas vor und prüft, ob die Transferstrecke die Bedürfnisse und Probleme der Zielgruppe adressiert. Werden die Lerner über einen perfekt gestalteten Path of Mastery zum Ziel geführt? Oder gibt es irgendwo zu große Sprünge oder Stolpersteine? Etwa eine zu schwierige T-Bone-Aufgabe gleich am Anfang, die Enttäuschungen produzieren könnte? Achtet also auf realistische Entwicklungsschritte. Eventuell müsst Ihr noch Impulse in die Strecke einfügen oder an der Reihenfolge der Impulse feilen.

Ein Ergebnis Eures Checks könnte auch sein, dass das gewählte Ziel unrealistisch hoch gesteckt ist. Am Beispiel: Beherrscht die Zielgruppe die Feedback-Technik wirklich schon? Oder solltet Ihr eher als Ziel definieren, dass die Zielgruppe den Sinn und Zweck von Wertschätzung verstanden hat?

TRANSFERSTÄRKEN UND -SCHWÄCHEN ERMITTELN

Wenn Du herausfinden willst, wo die Stärken und Schwächen Deines Transferdesigns liegen, empfehlen wir Dir dieses Online-Tool: Auf der Website **transferwirksamkeit.com** findest Du das Tool Transfermatrix. Es hilft Dir zu prüfen, welche Deiner Transfermaßnahmen besonders wirksam sind und wo Du noch nachbessern solltest. Du kannst den passenden Mix an Transfertools planen und sicherstellen, dass Du alle zwölf Stellhebel der Transferwirksamkeit mit Deinem Transferkonzept bedienst. Das Konzept der Transferwirksamkeit selbst lernst Du im Gastbeitrag von Dr. Ina Weinbauer-Heidel kennen.

ERKENNE DIE STÄRKEN UND SCHWÄCHEN DEINES TRANSFERDESIGNS.

WAS DU IN DIESEM KAPITEL GELERNT HAST:

WARUM EIN TRANSFERKONZEPT?
- bislang werden nur 8 bis 15 Prozent des Gelernten umgesetzt
- höhere Transferraten erfordern schlaue Transferkonzepte

INTELLIGENTE TRANSFERDESIGNS
- berücksichtigen den Path of Mastery
- der Einstieg ist niedrigschwellig
- die Lerner sammeln positive Ersterfahrungen und entwickeln sich Schritt für Schritt

DIE TRANSFERBEGLEITUNG EINFACH AUTOMATISIEREN
- eine Transfer-App muss nicht teuer und umständlich sein
- unsere Lösung ist rein browserbasiert und damit auf allen Geräten nutzbar
- mit wenigen Klicks bauen auch Nicht-Profis eine Transferkampagne

FÜNF QUALITÄTSKRITERIEN FÜR GUTE TRANSFERIMPULSE
- niedrigschwelliger Einstieg
- kürzer als sieben Minuten
- hohe Erfolgswahrscheinlichkeit
- große Anwendungswahrscheinlichkeit
- fokussiert auf Praxisrelevanz

WICHTIGE FRAGEN VOR KONZEPTIONSBEGINN

- wo steht die Zielgruppe aktuell?
- wo soll sie am Ende der Transferstrecke stehen?
- welche Hindernisse liegen auf dem Weg dorthin?

DAS TRANSFERDESIGN ENTWICKELN

- im Team Ideen für Transferimpulse sammeln und auswählen
- die Transferstrecke aufbauen
- Zielgruppen-Check machen, ggf. Strecke optimieren oder Ziel umformulieren

TRANSFERSTÄRKEN UND -SCHWÄCHEN ERMITTELN

- praktisches Tool auf transferwirksamkeit.com nutzen

GASTBEITRAG VON DR. INA WEINBAUER-HEIDEL

MIT ZWÖLF HEBELN DAS TRANSFERPROBLEM KNACKEN

Dr. Ina Weinbauer-Heidel ist mit Leidenschaft an der Schnittstelle zwischen Transferforschung und Transferpraxis tätig. Als Wissenschaftlerin, Beraterin und Trainerin macht sie mit ihrem Institut für Transferwirksamkeit wissenschaftliche Erkenntnisse für die Praxis nutzbar.

Kontakt: office@transferwirksamkeit.com

Seit vielen Jahren untersucht die Transferforschung, welche Faktoren den Transfererfolg beeinflussen. In ihren empirischen Studien verändern die Forscher immer wieder bestimmte Faktoren und messen dann, wie sich das auf den Transfererfolg auswirkt. Mehr als 100 Faktoren haben sie schon identifiziert. Über 100? Mit so vielen Faktoren kann kein Praktiker arbeiten.

Was wir in der Praxis brauchen, sind genau jene Faktoren, die wir beeinflussen und fördern können: die zwölf Stellhebel der Transferwirksamkeit. Sie sind die Quintessenz aus der Transferforschung für die HR-Praxis.

Wissenschaftlich gesprochen sind es die signifikanten und beeinflussbaren Determinanten des Transfererfolgs. Praktisch formuliert sind es die Hebel, mit denen Sie die Wirksamkeit Ihrer Trainings steuern können. Die zwölf Stellhebel zeigen Ihnen, worauf es ankommt, und bilden so die Basis für ein systematisches und anschlussfähiges Transfermanagement bei Ihren Trainings. Wissenschaftlich fundiert und praktisch erprobt.

Die Stellhebel decken drei Bereiche ab: die Teilnehmenden, das Trainingsdesign und die Organisation. Diese Bereiche müssen zusammenwirken, damit Trainings transferwirksam werden.

1 TEILNEHMER
- #1 Transfermotivation
- #2 Selbstwirksamkeitsüberzeugung
- #3 Transfervolition

2 TRAININGSDESIGN
- #4 Erwartungsklarheit
- #5 Inhaltsrelevanz
- #6 Aktives Üben
- #7 Transferplanung

3 ORGANISATION
- #8 Anwendungsmöglichkeit
- #9 Persönliche Transferkapazität
- #10 Unterstützung durch Vorgesetzte
- #11 Unterstützung durch Peers
- #12 Transfererwartung im Unternehmen

 TRANSFER-MOTIVATION
 SELBSTWIRK-SAMKEITSÜBER-ZEUGUNG
 TRANSFER-VOLITION
 ERWARTUNGS-KLARHEIT

 INHALTSRE-LEVANZ
 AKTIVES ÜBEN
 TRANSFER-PLANUNG
 ANWENDUNGS-MÖGLICHKEIT

 PERSÖNLICHE TRANSFER-KAPAZITÄT
 UNTERSTÜTZUNG DURCH VORGESETZTE
 UNTERSTÜTZUNG DURCH PEERS
 TRANSFER-WARTUNG IM UNTERNEHMEN

Der erste Bereich sind die Teilnehmenden. Hier wirken die Stellhebel Transfermotivation, Selbstwirksamkeitsüberzeugung und Transfervolition.

STELLHEBEL 1: TRANSFERMOTIVATION

Dieser Stellhebel beschreibt die Intensität des Wunsches, das Gelernte am Arbeitsplatz umzusetzen. Die Teilnehmenden sagen: *„Ja, ich will es!"* Leitfrage: Wie erreichen wir, dass die Teilnehmenden den starken Wunsch haben, das Gelernte in ihrem Alltag umzusetzen?

REFLEXIONSHILFEN:

- Sind die Teilnehmenden ausreichend motiviert, das Gelernte am Arbeitsplatz umzusetzen?
- Wollen die Teilnehmenden das Gelernte von sich aus praktisch anwenden?
- Versprechen sich die Teilnehmenden von der Umsetzung des Gelernten einen bedeutenden persönlichen Nutzen?
- Wird der Umsetzung des Gelernten mit Freude und Spannung entgegengesehen, oder wird es als belastend, mühsam oder unnötig empfunden?

STELLHEBEL 2: SELBSTWIRKSAMKEITSÜBERZEUGUNG

Dieser Stellhebel beschreibt die Intensität der Überzeugung, die erworbenen Fähigkeiten praktisch zu beherrschen. Die Teilnehmenden sagen: *„Ja, ich kann es!"* Leitfrage: Wie sorgen wir dafür, dass die Teilnehmenden nach dem Training überzeugt sind, die erworbenen Fähigkeiten gut zu beherrschen?

REFLEXIONSHILFEN:

- Sind die Teilnehmenden nach dem Training zuversichtlich, dass die Anwendung des Gelernten in der Praxis gelingen wird?
- Glauben die Teilnehmenden selbst daran, dass sie die erworbenen Fähigkeiten ausreichend gut beherrschen, um sie im echten Leben einzusetzen?
- Erleben sich die Teilnehmenden nach dem Training selbst als kompetent?
- Fühlen sich die Teilnehmenden gut gewappnet und vorbereitet, um das Gelernte in Praxissituationen auszuprobieren?

1 TEILNEHMER

STELLHEBEL 3: TRANSFERVOLITION

Die Transfervolition ist die Fähigkeit und Bereitschaft des Teilnehmers, seine Aufmerksamkeit und Energie auf die Umsetzung der Transfervorhaben auszurichten, auch wenn Hindernisse und Schwierigkeiten auftreten. Die Teilnehmenden sagen: *„Ja, ich bleibe dran und ziehe es durch!"* Leitfrage: Wie unterstützen wir, dass die Teilnehmer fähig und bereit sind, konsequent an der Umsetzung ihrer Transfervorhaben zu arbeiten?

REFLEXIONSHILFEN:

- Haben die Teilnehmenden ausreichend Willensstärke, um ihre Transfervorhaben konsequent zu verfolgen?
- Richten die Teilnehmenden ihre Aufmerksamkeit immer wieder auf die Umsetzung des Gelernten?
- Werden die Teilnehmenden bei ersten Rückschlägen aufhören, ihre Transfervorhaben zu verfolgen?
- Sind die Teilnehmenden darauf vorbereitet, dass die erfolgreiche Veränderung alter Verhaltensmuster ein längerer Prozess sein kann, der Energie und Durchhaltevermögen benötigt?

Der zweite Bereich umfasst die Stellhebel Erwartungsklarheit, Inhaltsrelevanz, aktives Üben und Transferplanung.

STELLHEBEL 4: ERWARTUNGSKLARHEIT

Erwartungsklarheit ist das Ausmaß, in dem die Teilnehmenden bereits vor dem Training wissen, was vor, während und nach dem Training auf sie zukommt. Die Teilnehmenden sagen: *„Ich weiß, was ich dort lernen soll und werde!"* Leitfrage: Wie stellen wir sicher, dass die Teilnehmenden klare Erwartungen hinsichtlich des Trainings haben?

REFLEXIONSHILFEN:

- Ist den Teilnehmenden klar, welche Ergebnisse, Veränderungen und Entwicklungsschritte durch das Training erwirkt werden sollen?
- Wissen die Teilnehmenden, welche Inhalte im Training bearbeitet werden und was dadurch im Arbeitsalltag anders werden soll?
- Ist den Teilnehmenden bewusst, was sich die Organisation von ihrer Teilnahme am Training verspricht?
- Haben die Teilnehmenden ein klares Bild davon, welchen Nutzen das Training für sie persönlich haben wird?

2 TRAININGSDESIGN

STELLHEBEL 5: INHALTSRELEVANZ

Inhaltsrelevanz ist das Ausmaß, in dem die Trainingsinhalte mit den Aufgaben und Anforderungen am Arbeitsplatz übereinstimmen. Die Teilnehmenden sagen: *„Genau das brauche ich für mich und meine Arbeit!"* Leitfrage: Wie sorgen wir dafür, dass die Trainingsinhalte von den Teilnehmenden als relevant und bedeutsam für den eigenen Alltag wahrgenommen werden?

REFLEXIONSHILFEN:

- Erhalten die Teilnehmenden im Training konkrete Antworten auf Fragen, die sie am Arbeitsplatz beschäftigen?
- Wird im Training mit Beispielen und Situationen aus dem Arbeitsalltag der Teilnehmenden gearbeitet?
- Lassen sich die Inhalte aus dem Training direkt in den Arbeitsalltag übertragen?
- Kennen die Trainer die Anforderungen, Aufgaben und Rahmenbedingungen ihrer Teilnehmenden und arbeiten im Training aktiv damit?

2 TRAININGSDESIGN

STELLHEBEL 6: AKTIVES ÜBEN

Aktives Üben ist das Ausmaß, in dem das Trainingsdesign Möglichkeiten bietet, neue Verhaltensweisen, die im Arbeitskontext angestrebt werden, im Training zu erleben und zu üben. Die Teilnehmenden sagen: *„Das habe ich schon im Training erlebt, geübt und ausprobiert!"* Leitfrage: Wie sorgen wir dafür, dass das in der Praxis angestrebte Handeln bereits im Training realitätsnah erlebt, probiert und geübt wird?

REFLEXIONSHILFEN:

- Werden erlernte Inhalte, Modelle oder Abläufe bereits im Training in realitätsnahen Situationen ausprobiert und umgesetzt?

- Werden 30 bis 50 Prozent der Trainingszeit mit aktivem Üben verbracht oder wird nur über das angestrebte Handeln gesprochen (z. B. durch Vortrag, Gruppenarbeit etc.)?

- Verlassen die Teilnehmenden das Training mit dem Gefühl, dass sie mit der neuen Handlungsweise bereits in einer realitätsnahen Situation selbstständig erfolgreich waren?

 **TRAININGSDESIGN**

STELLHEBEL 7: TRANSFERPLANUNG

Transferplanung beschreibt das Ausmaß, in dem der Transfer im Training vorbereitet wird. Die Teilnehmenden sagen: *„Ich weiß, was ich nach dem Training Schritt für Schritt tun werde."* Leitfrage: Wie erreichen wir, dass die Teilnehmer die Umsetzung des Gelernten bereits im Training detailliert planen?

REFLEXIONSHILFEN:

- Haben die Teilnehmenden klar vor Augen, was ihre Key Learnings sind und wie sie diese konkret nutzen werden?
- Verlassen die Teilnehmenden das Training mit einem realistischen Handlungsplan zur Umsetzung des Gelernten?
- Haben die Teilnehmenden die Umsetzung so geplant, dass sie schnell Erfolgserlebnisse haben und Fortschritte erkennen?
- Sind die Teilnehmenden auf mögliche Rückschläge und Hindernisse vorbereitet, sodass sie ihre Vorhaben nicht vorschnell aufgeben?

Der dritte Bereich betrifft die Organisation. Hier gibt es die Stellhebel Anwendungsmöglichkeit, persönliche Transferkapazität, Unterstützung durch Vorgesetzte, Unterstützung durch Peers und Transfererwartung im Unternehmen.

3 ORGANISATION

STELLHEBEL 8: ANWENDUNGSMÖGLICHKEIT

Anwendungsmöglichkeit ist das Ausmaß, in dem die zur Anwendung nötigen Gelegenheiten und Ressourcen am Arbeitsplatz zur Verfügung stehen. Die Teilnehmenden sagen: *„Es ist bei mir am Arbeitsplatz möglich, das Gelernte umzusetzen."* Leitfrage: Wie stellen wir sicher, dass die Teilnehmenden die Möglichkeit, die Erlaubnis bzw. den Auftrag und die nötigen Ressourcen haben, um das Gelernte anzuwenden?

REFLEXIONSHILFEN:

- Haben die Teilnehmenden aufgrund ihrer Stellenprofile, Zuständigkeiten und Aufgabenbereiche die Möglichkeit, das Gelernte selbstständig umzusetzen?
- Haben die Teilnehmenden die nötigen Ressourcen (Material, Budget, Informationen, Werkzeuge etc.), die sie zur Anwendung des Gelernten benötigen?
- Haben die Teilnehmenden die Gelegenheiten, um das Gelernte häufig und in der Tiefe, in der sie es gelernt haben, praktisch anzuwenden?

3 ORGANISATION

STELLHEBEL 9: PERSÖNLICHE TRANSFERKAPAZITÄT

Persönliche Transferkapazität ist das Ausmaß, in dem die Teilnehmenden über Kapazitäten – bezogen auf Zeit und Arbeitsbelastung – verfügen, um das Gelernte im Arbeitsalltag umzusetzen. Die Teilnehmenden sagen: *„Mein Arbeitsalltag ermöglicht es."* Leitfrage: Wie unterstützen wir, dass die Teilnehmenden ausreichende Kapazitäten haben, um das Gelernte im Alltag umzusetzen?

REFLEXIONSHILFEN:

- Erlauben es die Arbeitsroutine und die Zeitplanung der Teilnehmenden, das im Training Gelernte am Arbeitsplatz zu üben?
- Ist den Teilnehmenden klar, dass die Präsenzzeit im Training nur ein Teil des Lernprozesses ist und das Üben, das Ausprobieren, das Fehlermachen und das Reflektieren Zeit am Arbeitsplatz benötigt?
- Haben die Teilnehmenden in ihrem Arbeitsalltag ausreichend Zeit zum Ausprobieren, Üben und Reflektieren eingeplant?
- Können es sich die Teilnehmenden erlauben, beim Ausprobieren und Einüben Fehler zu machen bzw. zu Beginn langsamer voranzukommen?

3 ORGANISATION

STELLHEBEL 10: UNTERSTÜTZUNG DURCH VORGESETZTE

Unterstützung durch Vorgesetzte ist das Ausmaß, in dem die Vorgesetzten der Teilnehmer den Transfer aktiv einfordern, monitoren, unterstützen und verstärken. Die Teilnehmenden sagen: *„Meine Vorgesetzte/mein Vorgesetzter fordert und fördert die Umsetzung."* Leitfrage: Wie sorgen wir dafür, dass die Vorgesetzten die Anwendung des Gelernten unterstützen, fördern und einfordern?

REFLEXIONSHILFEN:

- Kommunizieren die Vorgesetzten, was sie sich von der Teilnahme ihrer Mitarbeiter am Training erwarten?
- Interessieren sich die Vorgesetzten für das, was die Teilnehmenden im Training lernen, und für die Umsetzungsideen, die sie dort entwickelt haben?
- Loben und wertschätzen die Vorgesetzten die Teilnehmenden für die Anwendung des Gelernten?
- Besprechen und schaffen die Vorgesetzten Anwendungsmöglichkeiten des Gelernten mit den Teilnehmenden?
- Verwenden die Vorgesetzten selbst ähnliche Methoden wie jene, die die Teilnehmenden im Training gelernt haben?

3 ORGANISATION

STELLHEBEL 11: UNTERSTÜTZUNG DURCH PEERS

Unterstützung durch Peers ist das Ausmaß, in dem die Kollegen der Teilnehmer den Transfer unterstützen. Die Teilnehmenden sagen: *„Meine Kolleginnen/ Kollegen stehen beim Umsetzen des Gelernten hinter mir."* Leitfrage: Wie fördern wir, dass die Kollegen der Teilnehmer den Transfer begrüßen und unterstützen?

REFLEXIONSHILFEN:

- Zeigen die Kollegen der Teilnehmenden Interesse an dem im Training Gelernten?
- Sind die Kollegen offen für Veränderungen im Team?
- Tolerieren die Kollegen Fehler und Zeitverzögerungen, die sich durch die Anwendung des Gelernten anfänglich ergeben können?

- Unterstützen die Kollegen Veränderungsinitiativen, die die Teilnehmenden nach dem Training setzen?
- Stehen Kollegen als Sparringpartner bei der Umsetzung des Gelernten hilfreich zur Seite?

3 ORGANISATION

STELLHEBEL 12: TRANSFERERWARTUNG IM UNTERNEHMEN

Transfererwartung im Unternehmen ist das Ausmaß, in dem Teilnehmende positive Folgen durch die Anwendung des Gelernten bzw. das Ausbleiben negativer Folgen durch die Nicht-Anwendung erwarten. Die Teilnehmenden sagen: *„Es fällt im Unternehmen auf, wenn ich das Gelernte (nicht) anwende."* Leitfrage: Wie erreichen wir, dass es im Unternehmen auffällt und Konsequenzen hat, wenn die Teilnehmenden das Gelernte (nicht) anwenden?

REFLEXIONSHILFEN:

- Kommuniziert das Unternehmen überzeugend, dass erst die erfolgreiche Umsetzung des Gelernten die Finish Line jedes Trainings ist?
- Wird die Anwendung des Gelernten im Unternehmen erwartet, überprüft und evaluiert?
- Wird es im Unternehmen bemerkt, wenn die Teilnehmenden das im Training Gelernte (nicht) anwenden?
- Hat die Anwendung des Gelernten bedeutende, anstrebenswerte und positive Konsequenzen für die Teilnehmenden?

In dem Buch „Was Trainings wirklich wirksam macht" finden Sie zahlreiche Ideen für Tools, mit denen Sie die zwölf Stellhebel optimieren können.

Und das Ausbildungsprogramm „Zertifizierung zum Transferdesigner" findest Du auf www.bildungsinnovator.de

GASTBEITRAG VON PROF. DR. AXEL KOCH

SCHON MAL ÜBER TRANSFERSTÄRKE NACHGEDACHT?

Prof. Dr. Axel Koch lehrt Training & Coaching an der Hochschule für angewandtes Management in Ismaning und hat den Wirtschaftsbestseller „Die Weiterbildungslüge" (unter Pseudonym) geschrieben. Der Diplom-Psychologe entwickelte die vom Deutschen Weiterbildungspreis 2011 ausgezeichnete Transferstärke-Methode®.

Kontakt: info@transferstaerke.com

Motivation ist nicht alles, wenn es darum geht, gelernte Inhalte aus Seminaren und Trainings in die Praxis umzusetzen. Vielmehr braucht es bestimmte Einstellungen und Fertigkeiten beim Teilnehmer. Ich nenne das Transferstärke. Die meisten Weiterbildungsmacher nehmen aber immer noch an, dass alle Teilnehmer gleich gut umsetzen, wenn sie nur bis unter die Haarspitzen motiviert sind.

Entstanden ist das Transferstärke-Modell durch meine Forschung an rund 2.500 Weiterbildungsteilnehmern. Die Ausgangsfrage war: Woran liegt es, dass die einen Teilnehmer mehr und die anderen weniger gut gelernte Inhalte in die Praxis umsetzen – sprich unterschiedlich transferstark sind?

Dazu ein Beispiel. Es geht um Petra Meier, 42 Jahre, Abteilungsleiterin in einem Technologiekonzern. Ihr Unternehmen lädt alle Führungskräfte im Rahmen der Einführung von Personalentwicklungsgesprächen und einer Feedbackkultur zu eintägigen Seminaren ein. Petra will hier lernen, ihren Mitarbeitern mehr Lob und Wertschätzung auszusprechen. Für die sachlich-analytisch geprägte Abteilungsleiterin fühlen sich lobende Wort bislang wie eine Fremdsprache an. Normalerweise würde es jetzt so laufen: Petra verlässt das Seminar frischen Mutes, und ihr Trainer hofft, dass sie das Gelernte brav umsetzt. Aus der Erfahrung würde er aber wissen, dass der gute Impuls im Tagesgeschäft verrauscht. Doch in diesem Fall läuft es anders. Dank der Transferstärke-Methode.

DAS TRANSFERSTÄRKE-MODELL VERÄNDERT DEN BLICKWINKEL

Für eine Führungskraft ist es einfach und bequem, einen Mitarbeiter zum Seminar zu schicken und zu glauben, der Trainer wird es schon richten. Sie hofft, am Ende einen gut trainierten Mitarbeiter zurückzubekommen und selbst damit keine Arbeit zu haben. Der Mitarbeiter wird sich ja im eigenen Interesse um die Umsetzung kümmern. Zwei wichtige Fragen übersieht sie dabei: Wie umsetzungsstark ist der Mitarbeiter? Und wie groß ist der Veränderungsaufwand, den der Seminarbesuch für den Mitarbeiter mit sich bringen wird?

Hier kommt das Transferstärke-Modell ins Spiel. Die Führungskraft kann zusammen mit ihrem Mitarbeiter hinter die Kulissen schauen: Was sind die Risiken für den Lernerfolg, die pauschal in einer erkannten Umsetzungsschwäche zum Ausdruck kommen? Was genau kann ich dann tun? Vier Faktoren gilt es zu beachten.

DIE VIER FAKTOREN DER TRANSFERSTÄRKE

FAKTOR 1: OFFENHEIT FÜR VERÄNDERUNGSIMPULSE

Menschen mit einem hohen Wert bei diesem Faktor haben eine positive Einstellung gegenüber Fortbildungen und damit verbundenen Veränderungsimpulsen. Sie empfinden Inhalte und Übungen als nützlich. Sie lassen sich auf Neues und Ungewohntes ein. Es gelingt ihnen, gelernte Verhaltensregeln auf sich selbst passend anzuwenden.

MÖGLICHE URSACHEN FÜR EINE GERINGE AUSPRÄGUNG:

- Negativ-Erfahrungen in früheren Fortbildungen
- Selbstschutz, um sich nicht mit eigenen Schwächen konfrontieren zu müssen

FAKTOR 2: SELBSTVERANTWORTUNG FÜR DEN UMSETZUNGSERFOLG

Menschen mit einem hohen Wert bei diesem Faktor ergreifen die Initiative und sind aktiv, um aus ihrem bisherigen Trott zu kommen. Sie können sich selbst motivieren und neue Methoden und Fertigkeiten erarbeiten oder ungünstige Verhaltensweisen verändern. Sie haben die nötige Umsetzungsenergie und lassen sich auch nicht durch anfänglichen Mehraufwand und Anstrengungen von ihren Vorsätzen abbringen. Dazu gehört auch, Menschen aus ihrem Umfeld einzubeziehen, die sie unterstützen und erinnern, geplante Verhaltensänderungen umzusetzen.

MÖGLICHE URSACHEN FÜR EINE GERINGE AUSPRÄGUNG:

- Bequemlichkeit: der eigene Nutzen wird nicht ausreichend erkannt, um Veränderungsenergie freizusetzen und ins Tun zu kommen
- „False Hope Syndrom": falsche Annahmen über die Mechanismen von Veränderung – im Sinne „Im Seminar habe ich alles gelernt, alles Weitere wird sich im Alltag ergeben"
- fehlende Arbeitsmethoden, die helfen, Lern- und Veränderungsziele in leicht machbare und Erfolg bringende Schritte zu strukturieren

FAKTOR 3 — RÜCKFALLMANAGEMENT IM ARBEITSALLTAG

Menschen mit einem hohen Wert bei diesem Faktor beherrschen geeignete Strategien, um aus der eigenen Komfortzone auszubrechen. Sie priorisieren die Umsetzung von Lernerkenntnissen und lassen sich nicht durch vermeintlich dringende Themen und das spontane Geschehen ablenken. Sie schätzen realistisch ein, was es an Zeit und Veränderungsaufwand braucht, und schaffen sich die erforderlichen Zeiträume. Auch unter Stress und Zeitdruck erinnern sie sich an die Umsetzung neuer Denk- und Verhaltensweisen. Sie haben geeignete Vorbeugungsstrategien und Notfallpläne gegen Rückfälle.

MÖGLICHE URSACHEN FÜR EINE GERINGE AUSPRÄGUNG:

- fehlendes Wissen zu geeigneten Rückfallmanagement-Techniken
- unbewusste Wertekonflikte – der „alte Trott" ist vorteilhafter als eine Veränderung
- Haltung des „Zeitopfers" statt des „Zeitgestalters"

FAKTOR 4 — POSITIVES SELBSTGESPRÄCH BEI RÜCKSCHLÄGEN

Menschen mit einem hohen Wert bei diesem Faktor sehen Rückfälle in alte Muster als normal an. Ihnen ist klar, dass Einstellungs- und Verhaltensänderungen nicht auf Anhieb gelingen. Sie sehen kleine und kleinste Fortschritte in ihren Bemühungen und „feiern" diese Erfolge. Sie sind zuversichtlich, dass sie früher oder später ihr Lern- und Veränderungsziel erreichen werden. So bleiben sie am Ball. Sie haben außerdem ein gutes Gefühl für den Nutzen, der sie am Ziel erwartet.

MÖGLICHE URSACHEN FÜR EINE GERINGE AUSPRÄGUNG:

- zu hoher Perfektionsanspruch an Umsetzungserfolge
- fehlendes Bewusstsein über destruktive innere Dialoge, also Selbstvorwürfe, Schwarz-Weiß-Denken oder Alles-oder-Nichts-Prinzip

WIE FUNKTIONIERT DIE TRANSFERSTÄRKE-METHODE?

Kommen wir zurück zu Petra Meier. Sie hat im Zusammenhang mit dem Seminar das Zusatzmodul „Transferstärke-Methode" angeboten bekommen, um ihren Seminarerfolg und zugleich auch ihre Selbstveränderungskompetenz zu steigern. Sie hat das Angebot angesprochen, weil sie ein hohes Interesse hat, sich persönlich weiterzuentwickeln und auch viel aus dem Seminar mitzunehmen. Daher hat sie vor dem Seminar einen Selbsttest gemacht, um ihre eigene Transferstärke kennenzulernen. Bei dieser Transferstärke-Analyse beantwortet der Teilnehmer in einem Online-Fragebogen 41 Aussagen auf einer sechsstufigen Skala von „trifft gar nicht zu" bis „trifft voll zu". Das dauert etwa 10 bis 15 Minuten. Danach erhält er zeitnah seinen persönlichen Auswertungsbericht und erfährt so, wie seine typischen Gewohnheiten im Umgang mit „Lern- und Veränderungsimpulsen" sind. Um mit dem Auswertungsbericht ideal zu arbeiten und zu erfahren, wie sie am besten mit persönlichen Risikofeldern umgeht, erhält Petra Meier im Rahmen der Transferstärke-Methode ein begleitendes Transferstärke-Coaching.

Petra stellt in ihrem Auswertungsbericht fest, dass sie einen mittleren Transferstärke-Gesamtwert hat. Sie hat eine hohe „Offenheit für Veränderungsimpulse" (92 %). Im Hinblick auf „Selbstverantwortung für den Umsetzungserfolg" (64 %) gibt es „Luft nach oben". Als besonders wichtiges Entwicklungsfeld erweist sich der Punkt „sich um Unterstützung kümmern". Die größten Risikofelder für die Umsetzung betreffen jedoch die Faktoren „Rückfallmanagement im Arbeitsalltag" (50 %) und „positives Selbstgespräch bei Rückschlägen" (56 %).

Sie weiß nun, dass sie nach dem Seminar besonders die Risikofaktoren für die Umsetzung managen muss und freut sich, dass ihr das Transferstärke-Coaching dabei hilft. Die Teilnahme an der Transferstärke-Methode ist dabei eine freiwillige Entscheidung. Denn meine Forschungsergebnisse haben gezeigt, dass es keinen Sinn macht, Teilnehmern diese Unterstützung aufzudrängen. Gerade Menschen, die an persönlicher Weiterentwicklung interessiert sind, nehmen das Angebot gerne an. Sie schätzen an ihrem Transferstärke-Profil, dass sie nun die Stellschrauben für ihren Umsetzungserfolg kennen. Wie die bisherigen Forschungsdaten zeigen, haben etwa 80 Prozent der Teilnehmer mehr oder weniger stark ausgeprägte Risikofelder und profitieren daher von der Transferstärke-Methode.

Die Transferstärke-Auswertung umfasst nicht nur ein Analyse-Ergebnis, sie liefert auch bewährtes Handwerkszeug. Damit der Teilnehmer mit diesen Unterlagen effektiv arbeiten kann, braucht es die einmalige Einarbeitung durch den Transferstärke-Coach: ein persönliches Gespräch von rund einer Stunde, das vor dem Seminarbesuch erfolgt. Denn so wird dem Teilnehmer bewusst, worauf er bei seiner Selbstverantwortung für den Lernerfolg achten muss. Am Ende des Gesprächs, das typischerweise per Telefon erfolgt, steht ein transferstarker schriftlicher Aktionsplan für die Umsetzung des eigenen Entwicklungsziels. Nach dem Seminar folgt eine zwei- bis dreimonatige Praxisphase, in der es monatlich ein Reflexionsgespräch von ca. 45 bis 60 Minuten Dauer gibt. Nach etwa drei Monaten hat der Teilnehmer die Möglichkeit, die Transferstärke-Analyse zu wiederholen, um so zu erkennen, inwiefern er sich in seiner Transferstärke verbessert hat. Dies gelingt eigenen Studien zufolge sehr gut – vorausgesetzt, beim Teilnehmer ist die Motivation da, die Erkenntnisse aus dem Transferstärke-Auswertungsbericht zu üben und anzuwenden.

DER STANDARDABLAUF DER TRANSFERSTÄRKE-METHODE

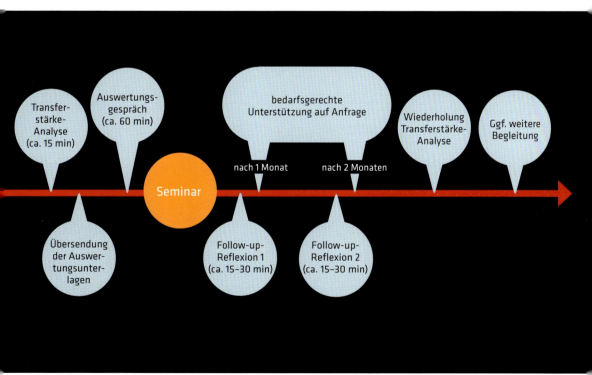

Petra wird im Rahmen des Transferstärke-Coachings klar, dass sie noch mehr Selbstverantwortung für den Umsetzungserfolg übernehmen sollte, indem sie sich einen Vertrauten aus ihrem Team als Lernpartner holt. Sie entscheidet sich für den Kollegen, der ihr das Feedback gegeben hat, dass ihr Loben gar nicht als Loben wahrgenommen wird. Sie will genauer herausfinden, welcher Mitarbeiter in welcher Form Wertschätzung braucht. Durch den gering ausgeprägten Faktor „positives Selbstgespräch" wird sie angespornt, sich selbst im Alltag mehr zu beobachten.

Schließlich lernt Petra die Technik des aktiven Rückfallmanagements kennen: Vorboten von Rückfällen in alte Gewohnheiten erkennen und wissen, wie man rechtzeitig gegensteuert. Entscheidend ist, sich innerlich „Stopp – Vorsicht, altes Muster!" zu sagen. Nur so gelingt es, den Automatismus des alten Trotts zu unterbrechen.

Einer ihrer Vorboten: die Sorge, ihre Mitarbeiter könnten denken, dass sie beim Lob zu dick auftrage. Ihre Gegenmaßnahme: Lob aussprechen, später nachfragen, wie es ankam, und passend zum Mitarbeiter die richtigen Worte finden. Vor allem aber auch darauf achten, dass das Lob konkret ist und der Mitarbeiter versteht, woran sie es festmacht.

Nachdem der Rückfallplan erarbeitet ist, geht Petra wieder in die praktische Umsetzung. Für sie hat sich die Arbeit mit dem Transferstärke-Modell mehrfach gelohnt. Sie hat ihr Lernziel erreicht und ihre Selbstführung gestärkt, um Entwicklungsziele künftig effektiver zu erreichen. Und sie hat nun auch ein viel besseres Verständnis dafür, wie sie ihre Mitarbeiter bei deren Entwicklung unterstützen kann. Indem sie nämlich das Gelernte anwendet und damit die Aufgabe des Transferstärke-Coaches selbst übernimmt, wenn es die Mitarbeiter wollen.

Ein Beispiel für den Auswertungsbericht einer Transferstärke-Analyse gibt es hier als Download **bit.ly/2PgtM14**

bit.ly/2PgtM14

Das Buch „Die Transferstärke-Methode" finden Sie auf www.transferstaerke.com

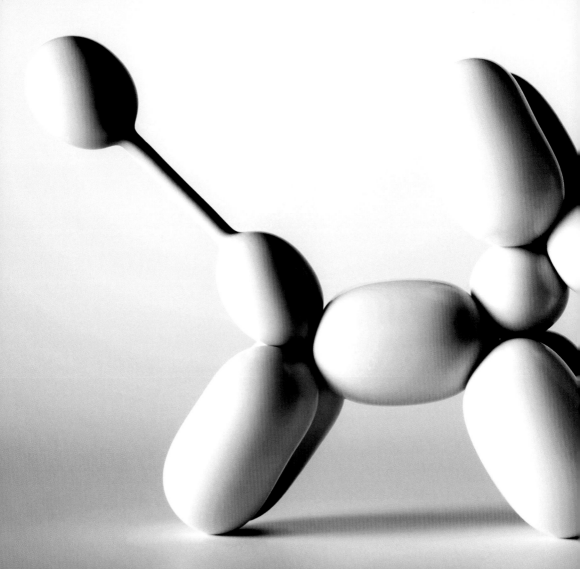

TEIL D

DOS & DON'TS

10. DOS & DON'TS FÜR DIE EINFÜHRUNG

DON´T: ABKÜRZUNGEN BEIM VORGEHEN NEHMEN

Es gibt keine Abkürzungen. Es gibt nur getarnte Umwege. Das gilt für Blended Learning allemal. In manchen Unternehmen geht man recht blauäugig an die Sache heran. Doch mit Versuch und Irrtum gelangt man nur langwierig und unter hohen Kosten ans Lernziel. Unser Elf-Schritte-Vorgehensmodell macht es Dir leicht. Es basiert ja auf Erfahrungen, die wir über die Jahre gesammelt haben. Deshalb können wir Dir nur raten: Lass keinen der Schritte aus, das bringt Dir nur Ärger und kostet Dich viel Zeit und Energie.

Jeder Schritt und die mit ihm verbundenen Entscheidungen schaffen die Grundlage für den nächsten. Wenn Du zum Beispiel die Personas-Definition auslässt, wirst Du beim Formulieren der Lernziele Probleme bekommen. Dir fehlt dann der nötige Einblick in die Bedürfnisse und Wünsche der Zielgruppe. Die Lernziele fallen vage aus und gehen am Lerner vorbei. Das wäre so, als ob Du für Gäste kochen willst, aber nicht weißt, was ihnen schmeckt. Dann wird es eben mal wieder Pasta, wie langweilig.

Oder nehmen wir an, Du übergehst die Rahmenbedingungen einfach. Dann wunderst Du Dich später vielleicht, warum Deine aufwendig produzierten Lernvideos kein Mensch anschaut – weil die Rechner der Lerner keine Soundkarte haben. Klingt erfunden? Ist uns so in einem konkreten Kundenprojekt passiert.

Stelle Dir das Vorgehen in elf Schritten so wie einen Hausbau vor. Wenn Du bei den unteren Stockwerken pfuschst, wird das Haus wackeln und schief sein. Halte Dich also an die Reihenfolge und führe jeden Schritt gewissenhaft aus.

DO: EINER ENTSCHEIDET, VIELE DENKEN MIT

Viele Köche verderben den Brei. Diese altbekannte Weisheit gilt im Blended Learning nicht. Ein Blended-Learning-Projekt besteht meistens aus recht vielen Bausteinen, für die jeweils Experten aus den Bereichen Digital, Präsenz und Kommunikation zuständig sind. Alleine vor sich hinwursteln dürfen sie nicht. Am Ende des Tages soll ja ein Training aus einem Guss entstehen. Es sind also sehr viele Zwischenabstimmungen nötig, bei denen die Experten an einem Tisch zusammenkommen müssen. Für die Verteilung von Lernzielen auf Lernformate sollten mehrstündige Workshops eingeplant werden.

Gerade bei der Lernzielverteilung ist es essenziell, dass alle mitdenken. Mit welcher Methode soll welches Lernziel erreicht werden? Diese Entscheidungen verlangen das geballte Know-how aller Experten. Das letzte Wort sollte dann aber immer nur einer haben. Er trägt die Verantwortung für das Gesamtprojekt und koordiniert die Abstimmungsprozesse. Er muss den Austausch fördern und organisieren. Also: Einer hat den Hut auf und entscheidet, viele denken mit.

DO: TRAININGS AUS EINEM GUSS ENTWICKELN

Ein Training wie aus einem Guss, das ist Dein Ziel. Hierfür solltest Du auf die richtige didaktische, grafische und kommunikative Verzahnung aller Elemente achten. Wie das geht? Wir geben Dir ein Beispiel:

Angenommen, Du möchtest Praxisbeispiele in Dein Training integrieren und benutzt dafür zwei Kundentypen, um die Produkte vorzustellen oder die Verkaufsprozesse zu erklären. Die beiden Kundentypen Karin Kaufts und Willy Willnicht spielen dann in den Trainingsbausteinen immer wieder eine Rolle. Am Anfang stellst Du sie in einem kurzen Video vor, anschließend treten sie in einem E-Learning auf und im Präsenztraining dienen sie als Vorlagen für Rollenspiele. Die Vorteile liegen auf der Hand:

- Du hast weniger Aufwand, weil Du die einmal entwickelten Figuren immer wieder einsetzt. Und auch den Lernern erleichterst Du das Training. Denn die Figuren sind ihnen schnell vertraut und sie können sich gut in sie hineinversetzen.

- Wenn Du Karin und Willy grafisch gestalten lässt, also mit Gesicht und Mimik, sorgt das beim Lerner für einen Wiedererkennungseffekt. Wo immer er die Gesichter sieht, denkt er: Aha, hier geht es um mein Training! Muss ich da nicht noch was machen?

- Auch in didaktischer Hinsicht sammelst Du Punkte. Dein Training wirkt gründlich durchdacht und vermittelt einen konsistenten Gesamteindruck. Super, alles aus einem Guss!

DO: RELATIVE DAUER EINER BLENDED-LEARNING-STRECKE

Vielleicht fragst Du Dich: Wie lange dauert so ein Blended Learning eigentlich? Antwort: Hängt ganz von der Menge der Inhalte, der Anzahl der Teilnehmer und dem Transformationsgrad auf das Verhalten der Lerner ab. Hier mal drei Beispiele:

- **Verkaufstraining für eine neue Produktreihe:** Hier solltest Du rund sechs Wochen einplanen. Die Verkäufer müssen das Produkt und das Wettbewerbsumfeld kennenlernen. In Übungen lernen sie, die wichtigsten Verkaufsargumente einzusetzen, auf Einwände zu reagieren etc.

- **Softwaretraining oder Onboarding-Maßnahme:** Solch eine Strecke wird zwischen drei und sechs Monaten dauern. Sie beginnt mit digitalen Lernbausteinen, es wird Wissen vermittelt, die Teilnehmer müssen ins Tun kommen, die neue Software ausprobieren bzw. das neue Unternehmen und seine Kultur kennenlernen und verstehen.

- **Kulturtransformation**: Eine neue Führungs- oder Feedbackkultur zu etablieren, ist extrem zeitintensiv. Für den entsprechenden Blended-Learning-Prozess solltest Du mindestens 12 bis 18 Monate vorsehen.

Die genannten Zeitspannen sind Richtwerte. Im Einzelfall kann die tatsächliche Dauer abweichen.

DO: MÖGLICHE PHASEN EINES BLENDED-LEARNING-PROJEKTS

Jedes Blended Learning ist einzigartig. Es gibt aber natürlich Gemeinsamkeiten. Zum Beispiel ist unserer Erfahrung nach jedes Projekt in fünf Phasen aufgeteilt:

PHASE 1

AUFMERKSAMKEIT

Du machst den Lerner auf das Training aufmerksam. Du informierst ihn, welcher Schritt als nächster ansteht etc.

PHASE 2

LERNEN

Der Lerner lernt selbstverantwortlich und bringt sich auf einen bestimmten Wissensstand.

PHASE 3

TRAINIEREN

Der Lerner kommt ins Tun. Er probiert aus, macht Fehler, lernt aus ihnen, verbessert sich.

PHASE 4

TRANSFER

Der Lerner probiert das Gelernte im Arbeitsalltag, Du unterstützt ihn dabei.

PHASE 5

ETABLIERUNG

Nun sind die neu gelernten Fähigkeiten im Alltag angekommen und werden zu Routinen.

Wenn Dein Projekt recht einfach aufgebaut ist, durchläufst Du jede der fünf Phasen nur einmal. Bei einem komplexen Projekt ist das anders. Die Phasen werden mehrmals durchlaufen. Sollte es in Deinem Projekt zum Beispiel mehrere Trainingsphasen geben, wirst Du diese auch jeweils kommunikativ ankündigen und begleiten müssen.

Wichtig ist, dass Du Dir bewusst bist, in jeder Phase ein ganz bestimmtes Bedürfnis bedienen zu müssen.

Frage Dich also in Phase 1: Wie erreiche ich meine Zielgruppe, damit sie wirklich versteht, was sie als Nächstes tun muss?

In Phase 2: Habe ich alle Bedingungen dafür geschaffen, dass meine Zielgruppe optimal lernen kann?

In Phase 3: Was benötigt meine Zielgruppe, damit sie das Gelernte ausprobieren kann?

In Phase 4: Was ist nötig, um einen guten Transferprozess anzuschieben?

Und in Phase 5: Wie unterstütze ich die Lerner dabei, die neuen Routinen im Alltag zu verankern?

Beachte diese Punkte und finde die jeweils passenden Antworten, dann wird Dein Blended-Learning-Projekt zum Erfolg.

DO: SCHNELLEINSTIEG IN DEN METHODENDSCHUNGEL

Wie findest Du im Dschungel der Methoden genau diejenigen, die zu Deinen Lernzielen passen? Bei der Orientierung hilft die Smart-Learning-Matrix, die wir Dir bereits vorgestellt haben. Sie ist nach sechs Trainingstypen geordnet:

- **Typ 1: Rechtliche Trainings** | Hier werden den Lernern sachliche Informationen vermittelt. Geeignet hierfür sind digitale Methoden wie etwa E-Learning, Erklärvideos, Learning Nuggets.

- **Typ 2: Prozess- und Softwaretrainings** | Die Lerner müssen sich mit neuen Prozessen oder neuer Software vertraut machen. Ideale Methoden sind Screencasts, Erklärvideos oder Prozesssimulationen.

- **Typ 3: Fachtrainings** | Die Lerner trainieren neue Methoden und Fähigkeiten, die sie in ihren Alltag integrieren sollen. Hierfür werden digitale Elemente eingesetzt, die Nachhaltigkeit wird über eine Transferkampagne und Simulationen gesichert.

- **Typ 4: Produkttrainings** | Die Lerner machen sich mit dem Produkt vertraut, lernen die Vorteile kennen usw. Damit das Produkt erlebbar und verstehbar wird, kommt eine Mischung aus digitalen Trainings und Präsenzelementen zum Einsatz. Im Präsenzteil erlebt der Lerner das Produkt live und in Farbe, er kann es ausprobieren und den Verkauf üben. Die digitalen Elemente decken dann den kognitiven Wissensbereich ab, indem sie Sachinformationen vermitteln. Auch der Transfer spielt eine wichtige Rolle. Das Produkt soll ja im Markt landen.

- **Typ 5: Verhaltenstrainings** | Die gesamte Bandbreite an Methoden kann genutzt werden, stets mit Fokus auf das Erleben, Lernen und Verhalten des Lerners. Die Lernstrecken sollten lang sein, da Verhaltensänderungen viel Zeit und vor allem praktische Erfahrung erfordern.

- **Typ 6: Kulturtransformation** | Hier geht es nicht um einzelne Lerner, sondern um ganze Teams. Bei der Methodenwahl ist es wichtig, dass immer wieder der Sinn der Maßnahme verdeutlicht wird. Der Lerner muss die Relevanz des Vorhabens für seine Arbeit begreifen. Für Kulturtransformationen sollte man mindestens mehrere Monate einplanen.

DO: DIE DIGITALE WELT IN DIE PRÄSENZWELT BRINGEN

Blended Learning heißt nicht nur, dass digitale Bausteine und Präsenzbausteine gemischt werden. Auch in Präsenztrainings selbst kannst Du digitale Elemente einsetzen, um sie spielerischer und interaktiver zu gestalten.

Umfragen oder Quiz zwischen Teams sind eine Möglichkeit, die Teilnehmer zu aktivieren. Über Online-Tools wie Mentimeter oder Slido kannst Du sie über eine Frage abstimmen lassen.

Auch QR-Codes eignen sich gut, um mehr Interaktivität ins Training zu bekommen. Zum Beispiel könntest Du die Teilnehmer ein neues Produkt über die Codes entdecken lassen. Etwa, indem sie die Codes einscannen und dann eine oder mehrere Aufgaben lösen müssen. So lernen sie das Produkt spielerisch kennen.

Etwas mehr Aufwand erfordert diese Möglichkeit: ein Mix aus Zirkeltraining und Flipped Classroom. Die Teilnehmer müssen mehrere Stationen durchlaufen und lösen dann verschiedene digitale Aufgaben. Zum Beispiel recherchieren sie online ein bestimmtes Thema. Oder sie schauen sich ein Erklärvideo über ein Produkt an und beantworten dann Fragen. Gerade bei Produkten, wo eine normale Produktdemo heikel wäre – denken wir an das Aufprallschutzsystem Front Assist im Auto – bietet der Einsatz digitaler Formate große Vorteile. Denn durch eine digitale Demo lässt sich der Einsatz des Produkts praxisnah und ohne Risiken veranschaulichen. Zudem wird der Trainer entlastet und kann sich in eine moderierende Rolle begeben.

DON'T: VORBEDINGUNGEN, DIE KEINE SIND

Wenn Du Vorbedingungen für die Teilnahme an einem Training setzt, dann müssen diese auch konsequent eingehalten werden. Sonst sorgt das für mächtig Frust bei all den Lernern, die sich brav auf das Training vorbereitet haben. Waren andere Teilnehmer nämlich nicht so gewissenhaft, muss der Trainer den Vorbereitungsstoff noch einmal mit allen durchkauen. Das kostet Zeit und Nerven.

Nicht vorbereitete Teilnehmer einfach nach Hause zu schicken, ist selten möglich. Um einen homogenen Wissensstand zum Trainingsbeginn zu sichern, empfehlen wir Dir daher diese zwei Lösungsstrategien:

Kommuniziere den Lernern wiederholt, wie wichtig eine gute Vorbereitung für den Lernerfolg ist. Was bringt es ihnen, eine solide Wissensgrundlage für das Training zu haben? Führe ihnen also die Relevanz der Vorbedingung klar und greifbar vor Augen. Du kannst auch direkter formulieren: „Möchtest Du die Einzige sein, die sich nicht vorbereitet hat?"

Binde die Führungskräfte mit ein. Sie können den Mitarbeitern am besten erklären, welchen Nutzen eine Vorbedingung hat, und sie zielgerecht unterstützen.

Beachte beide Strategien, dann klappt es auch mit einer echten Vorbedingung.

11. DOS & DON'TS FÜR DIE KONZEPTENTWICKLUNG

DO: BLENDED LEARNING ALS CHANGE-PROJEKT VERSTEHEN

Ja, die Einführung von Blended Learning solltest Du als ein Change-Projekt begreifen. Für wen ändert sich dabei etwas?

Für die Lerner verändern sich die Methoden, Tools und Techniken des Lernens. Aber auch ihre Selbstverantwortung beim Lernen ist stärker gefordert. Sie brauchen eine höhere Selbstlernkompetenz – und die wächst nicht allein über Nacht. Wir müssen ihnen unter die Arme greifen und sie motivieren, das heißt Motive wecken bzw. wachküssen, warum sich ein höherer Grad an Selbststeuerung lohnt.

Auch für die Menschen, die Lernkonzepte entwickeln, steuern und ausführen, verändert sich eine Menge. Denken wir an die Trainer. Sie müssen ein neues Rollenbild erfüllen. Zuvor erreichten sie jeweils kleine Gruppen an Lernern, nun müssen sie unter Umständen eine viel größere Reichweite erzielen. Sie brauchen hierfür neue Kompetenzen, zum Beispiel in technischer Hinsicht: Wie drehe ich ein Smartphone-Video? Wie trete ich vor der Kamera auf? Wie führe ich ein Webinar durch? Da gibt es momentan noch viele Vorbehalte und Ängste hinsichtlich Technik, Kommunikation und Wissensverbreitung, die es auszuräumen gilt.

Ebenso wird sich in den HR-Teams einiges wandeln. Aktuell sind die Bereiche Digital und Präsenz meistens noch getrennt. Mit Blended Learning wird das alles eins. Auf die leichte Schulter solltest Du diesen Wandel nicht nehmen. Er erfordert viel aufklärende Kommunikation und Überzeugungsarbeit. Dabei sind alle klassischen Regeln des Change Managements in der Umsetzung zu berücksichtigen.

DON'T: ZU VIEL NEUES AUF EINMAL

Overkill. Den werden Deine Lerner empfinden, solltest Du sie gleich zu Beginn eines Trainings mit all den tollen neuen digitalen Formaten, die Blended Learning Dir bietet, zukippen: Lernvideos, E-Learnings, Webinare, Virtual Classroom und, und, und.

Es mag verführerisch sein, direkt voll durchzustarten. Doch überfordere Deine Lerner nicht. Geh die Dinge langsam an. Mache sie nach und nach mit den neuen Formaten vertraut. Gerade wenn Du weißt, dass viele von ihnen wenig technikaffin sind und an einer Neu-Tool-Allergie leiden. Negative Erfahrungen, Sorgen und Ängste Deiner Lerner solltest Du kommunikativ mit guten Argumenten begegnen. Wenn sie dann noch jedes neue Lerntool ohne Druck ausprobieren können, machst Du sie schrittweise zu Blended-Learning-Verstehern. Also: Think big, start small.

DO: DIE SELBSTVERANTWORTUNG DER LERNER ERHÖHEN

Ohne selbstverantwortliches Lernen der Teilnehmer wäre Blended Learning so gut wie unmöglich. Sie müssen ja in einem hohen Grad selbst aktiv werden und ihren Lernfortschritt in eigener Verantwortung vorantreiben. Wie wir wissen, sieht es mit dieser Selbstverantwortung nicht immer rosig aus. Du solltest die Lerner unterstützen, damit sie ihr Lernschicksal selbst in die Hand nehmen.

Wenn Du die Selbstverantwortung Deiner Lerner steigern willst, stehen Dir mehrere Wege offen:

- **Gemeinsames Lernziel definieren:** Alle Lerner haben ein gemeinsames Ziel vor Augen, das sie individuell anstreben. Das sorgt im Lernprozess für Verbindlichkeit und hilft, dass die Lerner bei der Stange bleiben.

- **Unsicherheiten nehmen:** Die Lerner wissen nicht, wie die Technik funktioniert. Oder sie grübeln, welches Lernelement als Nächstes dran ist. Solche Unsicherheiten kannst Du ihnen nehmen. Durch entsprechende Technikschulungen. Und durch eine gute Kommunikation, die Orientierung gibt. Zudem wichtig: Lasse die Lerner viele positive Ersterfahrungen sammeln, auch das macht sie sicherer.

- **Anforderungen langsam erhöhen:** Überfordere die Lerner am Anfang nicht mit einem riesigen Blended-Learning-Design. Führe neue Formate schrittweise ein, sodass die Lerner sich jedes Mal ein Stück weiter aus ihrer Komfortzone bewegen müssen.

- **Führungskräfte einbinden:** Die Führungskräfte unterstützen die Lerner durch Anerkennung und räumen ihnen genug Zeit ein, um stressfrei alle Lernbausteine zu absolvieren.

- **Lerngruppen bilden:** Gerade am Anfang eines Projekts können Lerngruppen bzw. Lernbuddies helfen. Die Lerner unterstützen und motivieren sich gegenseitig.

DO: FÜHRUNGSKRÄFTE INS BLENDED LEARNING INTEGRIEREN

Führungskräfte sind eine wahre Geheimwaffe, um den Lernerfolg zu sichern. Überzeuge sie, ihre Mitarbeiter im Lernprozess zu unterstützen, und Du hast fast schon gewonnen.

Warum sind Führungskräfte so wichtig? Sie geben den Lernern Rückendeckung im Alltag. Sie schaffen den organisatorischen Rahmen, in dem die Lerner trainieren und sich entwickeln können. Und sie vermitteln den Lernen die nötige Anerkennung. Die Wertschätzung der Führungskraft zu erlangen, ist schließlich ein zentraler Motivator für Mitarbeiter.

Wie bindest Du die Führungskräfte am besten ein? Zum einen über die passende Kommunikation. Informiere sie unbedingt vor Beginn der Mitarbeiterkommunikation, dass eine Maßnahme geplant ist. Je stärker ihr Mitwirken im Lernprozess erforderlich ist, umso gründlicher solltest Du ihnen erklären, was Du vorhast, welche Aufgaben auf sie zukommen etc. Hole sie also richtig ab, dann sind sie gut vorbereitet und fühlen sich als Herr bzw. Frau der Lage. Ein gewisses Mitspracherecht zu haben, ermuntert sie zusätzlich, sich für Dein Vorhaben zu engagieren.

Zum anderen kannst Du die Führungskräfte didaktisch einbinden. Zum Beispiel als Mentoren oder Inputgeber für den Lerner. Diese Rollen solltest Du ihnen natürlich gründlich erklären. Die damit verbundenen Aufgaben sollten konkret und einfach formuliert sein. Die Führungskraft weiß dann genau, was sie zu tun hat. Ihre Zeit ist knapp, deshalb wird sie Dir für klare Aufgabenbeschreibungen dankbar sein. Je mehr Denkarbeit und Vorbereitungsaufwand Du ihr abnimmst, umso besser.

DON'T: DIE DIGITALALLERGIE DER TRAINER UNTERSCHÄTZEN

Wir beobachten oft, dass die von unseren Kunden beauftragten Trainer sich mit digitalen Methoden schwer tun. Sie blockieren, machen dicht. Ist das so eine Art Digitalallergie? Für die Antwort braucht man kein Medizinstudium. So mancher Trainer denkt immer noch, dass er sein über Jahre aufgebautes Wissen preisgibt, sobald er es schriftlich fixiert. Zum Beispiel für ein E-Learning, das die Lerner auf das Präsenzseminar vorbereitet. Ebenso fühlen sich einige Trainer immer noch als Hohepriester des Lernens. Nur Präsenzlernen ist für sie echtes Training. Die Angst, sich selbst überflüssig zu machen, den Job zu verlieren, ist der stärkste Grund für akute Digitalallergie. Gefolgt von der Sorge, der neuen Rolle als Moderator von Interaktions- und Reflexionsprozessen nicht gewachsen zu sein.

All diese Gründe kannst Du locker kontern. Wenn die Lerner dank vorab serviertem Wissen gut vorbereitet ins Training kommen, kann der Trainer sie direkt ins Handeln bringen. Statt Folien mit Informationen durchzukauen, geht es sofort in die Übungen. Schließlich sind Präsenztrainings ja für die Interaktion von Menschen da. Sie bleiben als Lernort, an dem das Gelernte erprobt und eingeübt wird, erhalten. Daher ist die Angst vor einem Jobverlust auch wenig begründet. Blended Learning entlastet die Trainer. Sie müssen weniger Theorie vermitteln und gewinnen mehr für die Praxis.

DO: TRAINER ALS VERHINDERER ODER VERSTÄRKER SEHEN

Die Trainer in den Präsenzbausteinen eines Blended-Learning-Projekts können Verhinderer oder Verstärker sein. Warum ist das so?

Falls ein Trainer der Ansicht sein sollte, dass Präsenzlernen die einzig wahre Lernform sei, hast Du ein Riesenproblem. Seine Haltung und seine möglicherweise fehlende Kompetenz, digitale Lernformate in seine Trainingsarbeit zu integrieren, verhindern wirksames Blended Learning.

Besser ist es, wenn der Trainer als Verstärker auftritt und Blended Learning fördert. Dafür muss er digitalen Formaten aufgeschlossen gegenüberstehen. Er sollte bereit sein, Trainingskonzepte umzusetzen, die von anderen entwickelt wurden. Bei der Umsetzung sollte er darauf achten, dass mehrere Trainer eingesetzt werden können. Kein Raum für Egotrips also.

Wir haben Trainer erlebt, die in ihren Trainings das digitale Lernen schlechtredeten. Deshalb solltest Du Dir die Trainer gut anschauen und prüfen, ob sie die richtige Haltung und Kompetenz mitbringen.

TEIL E

METHODIK UND DIDAKTIK

Die besten und gängigsten Methoden aus den Bereichen Digital, Präsenz und Kommunikation haben wir Dir in praktische Koffer gepackt. Viel Erfolg beim Anwenden!

12. METHODENKOFFER DIGITAL

D01 – E-LEARNING

BESCHREIBUNG DER METHODE

Nutze E-Learnings, um eine Zielgruppe effektiv und kostengünstig in einem Fachthema zu schulen. Gerade bei einer dezentral verteilten oder internationalen Zielgruppe kannst Du die Reise- und Seminarkosten deutlich reduzieren, indem Du auf E-Learnings setzt. Zunehmend werden E-Learnings auch dafür genutzt, neue Verhaltensweisen zu etablieren. Die meisten E-Trainings dauern ca. 20 bis 30 Minuten – in dieser Zeit tauchen die Lerner umfassend in ein Thema ein.

bit.ly/2PUteTY

HERVORRAGEND GEEIGNET, UM ...

- ... Fachthemen zu trainieren
- ... alle Teilnehmer auf den gleichen Wissenstand zu bringen
- ... Teilnehmer auf ein Seminar vorzubereiten
- ... ein oder mehrere Seminare (je nach Thema) zu ersetzen
- ... bereits erlernte Inhalte aufzufrischen und zu vertiefen

METHODENKRITERIEN

- Änderungen: sehr einfach, je nach Autorentool
- Komplexität: mittel
- Zielgruppengröße: ab 500

PRODUKTION

- didaktischer Anspruch: mittel bis hoch
- Produktionszeit inkl. Feedback: 6–8 Wochen*
- Nettoaufwand für Autoren: 20–25 Personentage*

hier ein 20-Minuten-Training

IST GEEIGNET FÜR

WISSEN ★★★★★   EINSTELLUNG ★★★☆☆   VERHALTEN ★★★☆☆

ANWENDUNGSIDEEN

- **Produkteinführungen:** Ein Unternehmen führt ein neues Produkt ein – erste Informationen stehen zur Verfügung. Zu diesem Zeitpunkt bietet es sich an, diese mit den beteiligten Mitarbeitern in Form eines E-Learnings zu teilen. So können sie sich ein erstes Bild vom neuen Produkt machen und bereiten sich somit gezielt auf die nachfolgenden Trainingsmaßnahmen vor.

- **Onboarding**: Fängt ein neuer Mitarbeiter im Unternehmen an, ist es für alle Beteiligten hilfreich, wenn er sich gerade zu Beginn oder sogar bevor es so richtig losgeht, selbstständig im Rahmen eines E-Learnings mit dem Unternehmen und seinen Eigenheiten befassen kann – darunter fallen Themen wie Organisation, Standorte, Ansprechpartner, Informationen zu Werten und Kultur usw. Nutze für das Thema Onboarding jedoch nicht ausschließlich die Methode E-Learning. Sorge besser für Abwechslung, indem Du die Lernziele sinnvoll auf verschiedene Formate und Methoden verteilst.

- **Trainings zu Compliance-Themen**: Der Klassiker unter den E-Learnings: Compliance-Trainings. Diese müssen häufig von einer großen Anzahl an Mitarbeitern oder sogar von allen absolviert werden. Daher ist hierfür der Einsatz eines E-Trainings optimal. Doch Vorsicht: Möchtest Du weiterhin auf die zahlreichen Vorteile digitaler Trainingsmethoden setzen, dann sorge dafür, dass in Deiner Organisation viel Wert auf eine hohe didaktische Qualität dieser Trainings gelegt wird! Sonst ist das Thema E-Learning im Unternehmen schnell „verbrannt" und der Lerner auf immerdar blockiert.

- **Verhaltensthemen**: Auch verhaltensorientierte Themen wie Grundlagen der Kommunikation, Zeitmanagement, Führungskräftemethoden, Verkaufsprozesse usw. haben alle einen theoretischen Anteil – zur Vermittlung dieser Inhalte sollten die Trainer nicht die wertvolle Zeit des Präsenztrainings vergeuden, sondern diese in E-Learnings auslagern. Im Präsenztraining können sie sich dann auf das einzig Wichtige und Richtige fokussieren: Austausch und Interaktion. Weiterer Vorteil: Das E-Training gleicht das Wissensniveau einer Teilnehmergruppe vor dem Präsenztraining an.

D02 – WISSENSTEST

BESCHREIBUNG DER METHODE

Ein Wissenstest umfasst mehrere Quizfragen, die eine thematische Einheit bilden. Dabei kommen verschiedene Quiztypen zum Einsatz, zum Beispiel Textauswahl-, Bildauswahl-, Reihenfolgen- oder Zuordnungsquiz. Der Wissenstest dient dazu, den aktuellen Wissensstand bzw. Lernerfolg objektiviert einzuschätzen. Du kannst ihn als Instrument zur Selbstreflexion für den Lerner einsetzen oder als Messinstrument für den Trainer (sofern Du die Ergebnisse an ihn weiterleitest). Die Dauer eines Wissenstests hängt von der Anzahl der Fragen und den verwendeten Quiztypen ab.

bit.ly/2DXmi1Y

HERVORRAGEND GEEIGNET, UM …

- … einen initialen Check-up zur Objektivierung des Lernbedarfs zu machen
- … Wissen direkt oder zeitversetzt abzufragen
- … die Selbstreflexion des Lerners zu unterstützen
- … als Messinstrument für den Trainer zu dienen

METHODENKRITERIEN

- Änderungen: sehr einfach
- Komplexität: einfach
- Zielgruppengröße: jede Gruppengröße

PRODUKTION

- didaktischer Anspruch: mittel bis hoch
- Produktionszeit inkl. Feedback: 1–2 Tage
- Nettoaufwand für Autoren: 6–8 Stunden

IST GEEIGNET FÜR

WISSEN ★★★★★   EINSTELLUNG ☆☆☆☆☆   VERHALTEN ☆☆☆☆☆

ANWENDUNGSIDEEN

- **Pretest vor dem Seminar:** Wenn der Lerner nicht beurteilen kann, wie viel Vorwissen er zu einem Thema hat, kann er mit einem Wissenstest seinen Lernbedarf ermitteln und so herausfinden, wo er tatsächlich steht und Wissenslücken hat. Der Trainer erhält durch einen Pretest eine qualifizierte Rückmeldung zum Wissensstand der Teilnehmer und kann den Content und Aufbau dadurch optimal an die Bedürfnisse der Zielgruppe anpassen.

- **Wissensabfrage direkt nach dem Training:** Wird der Wissenstest direkt nach Ende des Trainings verwendet, kann der Lerner so testen, was er verstanden hat. Gleichzeitig erleichtert die wiederholte Auseinandersetzung mit den Lerninhalten die langfristige Speicherung des Wissens. Wenn der Trainer den Wissenstest kurz vor Ende des Trainings einsetzt, hat er so die Möglichkeit, zum Abschluss auf offene Fragen einzugehen, die sich aus den Antworten der Teilnehmer ergeben.

- **Zeitversetzte Abfrage von Langzeit-Wissen:** Wenn der Wissenstest überprüfen soll, ob die Lerner das neu erworbene Wissen langfristig gespeichert haben, muss der Test zeitversetzt zum Training durchgeführt werden. Empfohlen ist ein Intervall von etwa zwei Wochen nach dem Training. Ergänzend dazu ist es ratsam, dem Lerner eine Möglichkeit zu bieten, wie er seine Wissenslücken schließen kann, z. B. durch Learning Nuggets.

- **Wissensbedarfsanalyse:** Vor allem Lerner mit Vorwissen können häufig nur bedingt beurteilen, wie viel Neues sie im Training erwartet. Mit einem vorgeschalteten Wissenstest findet der Lerner heraus, wo er noch Neues lernen kann. So wird der Test als Wissensbedarfsanalyse verwendet, die der Lerner als Grundlage für seinen individuellen Lernpfad nutzen kann (Learning on Demand).

D03 – LEARNING NUGGET

BESCHREIBUNG DER METHODE

Learning Nuggets sind eine Sonderform von E-Learning. Es handelt sich um kurze Lerneinheiten, die der Lerner optimal in seinen Arbeitsalltag integrieren kann. Sie kosten wenig Zeit und behandeln kompakt einzelne Aspekte eines Themas. Ein Nugget sollte ca. 5 Minuten in Anspruch nehmen.

bit.ly/2BzIr41

HERVORRAGEND GEEIGNET, UM …

- … das vorhandene Wissen des Lerners aufzufrischen
- … Wissen abzusichern
- … Transferimpulse zu liefern
- … Zusatzwissen zu vermitteln

METHODENKRITERIEN

- Änderungen: sehr einfach, je nach Autorentool
- Komplexität: mittel
- Zielgruppengröße: ab 500

PRODUKTION

- didaktischer Anspruch: mittel bis hoch
- Produktionszeit inkl. Feedback: 6–8 Wochen*
- Nettoaufwand für Autoren: 20–25 Personentage*

hier 5 Nuggets à 5 Minuten

....

IST GEEIGNET FÜR

WISSEN ★★★★★ **EINSTELLUNG** ★★★★☆ **VERHALTEN** ★★★★☆

ANWENDUNGSIDEEN

- **Wissen nach dem Training auffrischen:** Egal, ob Wissen in einem Präsenztraining oder per E-Learning erworben worden ist: Die Gefahr des Vergessens ist groß. Ein Learning Nugget, das das Wissen auffrischt, kann hier gegensteuern und das Wissen nachhaltig festigen.

- **Umsetzungsimpuls geben:** Die beste Methode, Wissen langfristig zu speichern, ist die direkte Umsetzung des Wissens. Ein Learning Nugget kann in kleinen, leicht umsetzbaren Dosen Impulse geben, die den Lerner zum Handeln anregen.

- **„Was, wenn …"-Tipp:** In einem E-Learning oder Präsenztraining erwirbt der Lerner Wissen, das er maximal in Simulationen praktisch anwenden kann. In der Praxis tauchen dann häufig ganz andere Fragen auf als im Training. „Was, wenn …"-Tipps als Learning Nugget bieten hier Abhilfe. Der Trainer kann die häufigsten Fragen aus der Praxis als Learning Nugget aufbereiten und den Lernern nach und nach zur Verfügung stellen, um sie bei der praktischen Anwendung zu unterstützen.

- **Zusatzwissen vermitteln:** Wenn die Lerner im Training bereits Wissen erworben haben, können sie sich ohne großen kognitiven Aufwand Zusatzwissen aneignen. Diese neuen Informationen werden direkt mit dem bestehenden Wissen verknüpft. So können einzelne Aspekte des Trainings als Learning Nugget vertieft werden. Ein Learning Nugget vertieft so nicht nur das bestehende Wissen, sondern wiederholt auch das bereits Gelernte.

D04 – ANIMIERTES VIDEO

BESCHREIBUNG DER METHODE

Ein animiertes Video besteht aus Illustrationen, die je nach Zeichenstil schematisch oder sehr realitätsnah sind. Du kannst es einsetzen, um Aufmerksamkeit zu wecken, Wissen zu vermitteln oder Verhaltensveränderungen zu erzielen. Häufig kommt bei animierten Videos Storytelling zum Einsatz. So kannst Du komplexe Zusammenhänge verständlich und unterhaltsam darstellen. Die Videos haben üblicherweise eine Länge von 1,5 bis maximal 3 Minuten.

bit.ly/2BwJGRe

HERVORRAGEND GEEIGNET, UM …

- … die Lerner zu emotionalisieren
- … die Lerner zu unterhalten und zu involvieren
- … Informationen zu vermitteln
- … als Trailer zum Training zu dienen

METHODENKRITERIEN

- Änderungen: komplex
- Komplexität: hoch
- Zielgruppengröße: ab 500

PRODUKTION

- didaktischer Anspruch: hoch
- Produktionszeit inkl. Feedback: 6–8 Wochen*
- Nettoaufwand für Autoren: 4–6 Personentage*

* *hier ein 2-Minuten-Clip*

.....

IST GEEIGNET FÜR

WISSEN ★★★★★   EINSTELLUNG ★★★★☆   VERHALTEN ★★★☆☆

ANWENDUNGSIDEEN

- **Kurzübersicht über Trainingsinhalte:** In animierten Videos kann man gut eine Kurzübersicht über die Trainingsinhalte geben. So weiß der Lerner, was ihn erwartet, und findet sich im Training besser zurecht.

- **Zusammenfassung der Kernaussagen:** Besonders als Einstieg sind animierte Videos geeignet, um die Kernaussagen eines Trainings zusammenzufassen. Das sichert ein Grundverständnis beim Lerner, wodurch ihm die anschließende Erarbeitung der Inhalte leichter fällt. Die visuelle Ansprache motiviert den Lerner und erregt Aufmerksamkeit.

- **Ziel eines Change-Prozesses darstellen:** In Trainings zu Change-Themen können animierte Videos eingesetzt werden, um das Ziel des Change-Prozesses zu veranschaulichen. So bekommt der Lerner eine konkretere Vorstellung davon, was künftig anders bzw. besser sein wird. Dies kann die Lernmotivation deutlich steigern.

- **Produkthighlights hervorheben:** Bei Produkttrainings können in animierten Videos die Highlights eines neuen Produkts bzw. Sortiments vorgestellt werden. Dadurch können eventuelle Blockaden bzw. Vorbehalte beim Lerner aufgelöst werden.

D05 – WEBINAR

BESCHREIBUNG DER METHODE

Bei einem Webinar treffen sich alle Teilnehmer mit dem Trainer in einem Online-Vortrag oder Online-Workshop. So lassen sich Reisezeiten und -kosten einsparen. Damit sich die Teilnehmer einwählen können, erhalten sie vom Trainer eine Einladung mit den Zugangsdaten. Der Trainer leitet das Webinar dann alleine oder mit einem Co-Trainer. Webinare dauern meist zwischen 20 und 60 Minuten.

bit.ly/2BzIHA1

HERVORRAGEND GEEIGNET, UM ...

- ... kurze, fachliche Themen zu trainieren
- ... die Wissensniveaus einer Teilnehmergruppe anzugleichen
- ... ein Seminar vorzubereiten
- ... ein Seminar zu ersetzen (in Kombination mit E-Learning)

METHODENKRITERIEN

- Änderungen: sehr einfach, meistens PowerPoint als Grundlage
- Komplexität: mittel, technisch
- Zielgruppengröße: jede Größe

PRODUKTION

- didaktischer Anspruch: niedrig
- Produktionszeit inkl. Feedback: wenige Tage*
- Nettoaufwand für Autoren: 1–3 Tage*

hier ein 30-Minuten-Webinar

IST GEEIGNET FÜR

WISSEN ★★★☆☆   **EINSTELLUNG** ★★★☆☆   **VERHALTEN** ★★☆☆☆

ANWENDUNGSIDEEN

- **Erfahrungsaustausch:** Webinare werden häufig in der Transferphase zum Erfahrungsaustausch eingesetzt. Die Teilnehmer können sich darüber austauschen, was gut und was noch nicht so gut geklappt hat, und wie man Herausforderungen bei der Umsetzung meistern kann. Hier ist es wichtig, dass der Trainer die Vertrauensebene aktiviert, damit die Teilnehmer offen dafür sind, über ihren tatsächlichen Zustand und ggf. Probleme zu sprechen, und sich nicht ausschließlich in eine glänzende Beschreibung dessen flüchten, was sie gut können.

- **Kick-off zu einer Trainingssession:** Webinare können als Kick-off zu einer Trainingsreihe eingesetzt werden. Wenn die Teilnehmer direkt auf die Lerninhalte losgelassen werden oder nur eine Begrüßungsmail bekommen, entsteht kein emotionales Commitment. Das kann in einem Kick-off entstehen, bei dem die Teilnehmer den Trainer, das Trainingsprogramm und sich gegenseitig kennenlernen. Vor allem bei größeren Blended-Learning-Konzepten ist es wichtig, dass der Trainer den Teilnehmern erläutert, wie der Ablauf der einzelnen Einheiten ist und inwiefern die Einheiten aufeinander aufbauen. Sinn, Ziel und Zweck des Kick-offs ist es, die Sinnebene der Teilnehmer zu adressieren und eine starke emotionale Bindung aufzubauen. Die Teilnehmer sollen am Ende also sagen: Das klingt vernünftig, da bin ich dabei!

- **Kurzformate:** Es gibt immer mehr Kurzthemen, für die es sich nicht lohnt, einen ganzen Seminartag zu planen. Trotzdem ist der direkte Draht zu einem Experten sinnvoll. Deshalb ist hier ein E-Learning nicht immer die Methode der Wahl. Viele Unternehmen steigen daher auf kurze Webinar-Sessions um, in denen der Trainer ein spezielles Thema vorstellt und mit den Teilnehmern erarbeitet.

D06 – GESPRÄCHSSIMULATION

BESCHREIBUNG DER METHODE

Eine Gesprächssimulation ist eine non-lineare Interaktion: Der Lerner durchläuft ein fiktives Gespräch. In einem Videoclip bekommt er eine Situation gezeigt und beantwortet eine Frage zu dieser Situation. Je nach gewählter Antwort wird ihm dann die passende Folgesituation angezeigt. Nach Abschluss der Simulation erhält der Lerner ein gesammeltes Feedback. Die Länge einer Gesprächssimulation ist variabel und richtet sich nach dem Inhalt.

bit.ly/2TObx6u

HERVORRAGEND GEEIGNET, UM ...

- ... neue Verhaltensmuster einzuüben
- ... die eigenen Kommunikationsfähigkeiten zu testen
- ... die Selbstreflexion zu unterstützen

METHODENKRITERIEN

- Änderungen: schwierig
- Komplexität: hoch
- Zielgruppengröße: ab 500

PRODUKTION

- didaktischer Anspruch: sehr hoch
- Produktionszeit inkl. Feedback: 6–8 Wochen*
- Nettoaufwand für Autoren: 6–10 Personentage*

hier eine Gesprächssimulation von ca. 8–12 Minuten

IST GEEIGNET FÜR

WISSEN ★★★★★   EINSTELLUNG ★★★★★   VERHALTEN ★★★★★

ANWENDUNGSIDEEN

- **Feedbackgespräch führen:** In einer Gesprächssimulation können Lerner ein fiktives Feedbackgespräch führen. Dabei ist der Lerner der Feedbackgeber. Je nachdem, aus welchen Optionen er wählt, führt das beim Feedbacknehmer, der in den Videoclips zu sehen ist, zu Verständnis oder zu einer Blockadehaltung. So kann der Lerner trainieren, Feedback zu geben, und erlebt verschiedene Reaktionen, je nachdem, welche Formulierungen bzw. Antwortoptionen er wählt.

- **Verkaufsgespräch führen:** Lerner können in einer Gesprächssimulation fiktive Verkaufsgespräche führen. In Videoclips bekommt der Lerner eine Verkaufssituation geschildert und soll nun die richtigen Verkaufsargumente wählen. Je nachdem, welche Argumente er wann wählt, reagiert der Kunde unterschiedlich. Am Ende erhält der Lerner eine Rückmeldung dazu, wie erfolgreich sein Verkaufsgespräch war.

- **Reklamation durchführen:** In einer Gesprächssimulation kann der Lerner eine fiktive Reklamation durchführen. Die Ausgangssituation: Der Kunde kommt und will einen Artikel reklamieren. Um das Gespräch zu meistern, muss der Lerner sowohl Prozesswissen anwenden als auch Gesprächstechniken beherrschen. Je nachdem, welche Option er wählt, reagiert der Kunde unterschiedlich und das Gespräch nimmt einen anderen Verlauf. Am Ende erhält der Lerner ein gesammeltes Feedback.

- **Upselling trainieren:** In einer Gesprächssimulation können Verkäufer Upselling trainieren. Zu Beginn sehen sie einen Videoclip mit einer Ausgangssituation und bekommen dann eine Frage gestellt. Je nachdem, welche Antwort sie geben, wird ihnen dann die entsprechende Folgeszene angezeigt. Die Lerner trainieren dabei gleichzeitig ihr Produktwissen und ihre kommunikativen Fertigkeiten. Am Ende erhalten sie ein gesammeltes Feedback.

D07 – REALFILM

BESCHREIBUNG DER METHODE

Realfilme werden meist mit Schauspielern gedreht, es können aber durchaus auch Mitarbeiter, Führungskräfte oder Vorstandsmitglieder mitspielen. Letzteres ist gerade dann von Vorteil, wenn die Inhalte von einer Person vermittelt werden sollen, die besonderes Vertrauen genießt bzw. wenn die Wichtigkeit des Themas betont werden soll. Mit Realfilmen kannst Du besonders gut Emotionen wecken und für Aufmerksamkeit sorgen. Aber auch für die Wissensvermittlung eignen sie sich.

bit.ly/2zAGZNt

HERVORRAGEND GEEIGNET, UM …

- … die Lerner zu emotionalisieren
- … Vertrauen aufzubauen
- … wichtige Inhalte zu vermitteln

METHODENKRITERIEN

- Änderungen: sehr schwierig
- Komplexität: hoch
- Zielgruppengröße: ab 500

PRODUKTION

- didaktischer Anspruch: mittel bis hoch
- Produktionszeit inkl. Feedback: 4–8 Wochen*
- Nettoaufwand für Autoren: 4–10 Personentage*

hier 10–15 Minuten für ein final geschnittenes Video

IST GEEIGNET FÜR

WISSEN ★★★★☆   EINSTELLUNG ★★★☆☆   VERHALTEN ★★★☆☆

ANWENDUNGSIDEEN

- **Praxistipps von Kollegen:** In Realfilmen können Kollegen des Lerners an verschiedenen Stellen im Training kurze Praxistipps geben. So erkennt der Lerner direkt, dass es sich um authentische Tipps handelt. Das unterstreicht wiederum die Alltagstauglichkeit der Tipps, und die Chancen steigen, dass der Lerner sie umsetzt.

- **Wissensvermittlung mit Schauspielern:** Wenn man mit Schauspielern arbeitet, können Realfilme auch zur klassischen Wissensvermittlung genutzt werden. Im Gegensatz zu animierten Videos sind sie näher an der Realität und können so seriöser wirken.

- **Vorstellung eines neuen Produktportfolios:** Bei grundlegenden Veränderungen im Produktportfolio muss sichergestellt werden, dass die Mitarbeiter keine Vorbehalte gegenüber den neuen Produkten haben. Ein Realfilm, mit dem Fokus auf den Vorteilen der neuen Produkte, kann Blockaden auflösen.

- **Grußwort des Vorstands:** Wenn ein Unternehmen besonderen Wert auf ein Thema legt, z. B. Datenschutz oder Arbeitssicherheit, kann ein Grußwort des Vorstands dazu beitragen, Vorbehalte gegenüber eventuell unbeliebten Themen aufzulösen. Die Mitarbeiter erkennen so außerdem die Relevanz, die das Unternehmen dem Thema beimisst, und bewerten es dadurch ggf. anders.

D08 – SCREENCAST

BESCHREIBUNG DER METHODE

Mit einer Bildschirmaufzeichnung (Screencast) kannst Du die genauen Abläufe beim Verwenden einer bestimmten Software veranschaulichen. Begleitet wird die Aufzeichnung vom Audiokommentar eines Experten, Coaches oder Sprechers. Zusätzlich kannst Du Texte einblenden oder Elemente auf dem Bildschirm hervorheben.

bit.ly/2FGcWsV

HERVORRAGEND GEEIGNET, UM …

- … Software „live" zu zeigen
- … Softwarekenntnisse zu vermitteln
- … Webinare oder Seminare aufzuzeichnen

METHODENKRITERIEN

- Änderungen: mittel
- Komplexität: mittel
- Zielgruppengröße: ab 500

PRODUKTION

- didaktischer Anspruch: niedrig
- Produktionszeit inkl. Feedback: 3–5 Wochen*
- Nettoaufwand für Autoren: 8–10 Personentage*

hier ein 15-Minuten-Screencast

IST GEEIGNET FÜR

WISSEN ★★★★★   EINSTELLUNG ☆☆☆☆☆   VERHALTEN ★☆☆☆☆

ANWENDUNGSIDEEN

- **Grundfunktion einer Software erklären:** Vor allem für Mitarbeiter mit geringen EDV-Kenntnissen oder bei der Verwendung unübersichtlicher Software ist es hilfreich, in einem Screencast die wichtigsten Grundfunktionen zu erklären. Das verhindert Frust bei den Anwendern und sorgt für einen positiven Erstkontakt mit der Software, ohne lange nach Menüs oder Buttons suchen zu müssen.

- **Wichtigste Use Cases einer Software abbilden:** In einem Screencast können gut die wichtigsten Use Cases bei der Verwendung einer Software gezeigt werden. So können die Lerner direkt nachvollziehen, wo sie wann hinklicken müssen. Das ist für den Lerner deutlich einfacher, als einen Text zu lesen, die genannten Schaltflächen in der Software zu finden und dann auch noch in der richtigen Reihenfolge zu bedienen.

- **Komplexe Prozesse abbilden:** Besonders komplexe Prozesse lassen sich sehr gut in einem Screencast vermitteln. Je komplexer der Prozess ist, desto schwerer ist es für den Lerner, einen Text zu verstehen und die Inhalte auf die Software zu übertragen. Viel einfacher ist es, wenn er live dabei zusehen kann, wie man den Prozess mit der Software durchführt.

- **Präsentation aus Webinar oder Seminar abfilmen:** Je nach Tool können Webinare direkt aufgezeichnet werden, sodass die besprochene Präsentation nach dem Webinar auch Personen zugänglich gemacht werden kann, die nicht am Webinar teilnehmen konnten. Ähnliches gilt für Präsenzseminare: Der Trainer kann seine Präsentation (bzw. ausgewählte Folien) für Personen, die nicht teilnehmen konnten, abfilmen und besprechen.

D09 – BEST-PRACTICE-VIDEO

BESCHREIBUNG DER METHODE

Diese Lernmethode ist die digitale Variante der ältesten Lernmethode der Menschheit: der Nachahmung. Best-Practice-Videos vermitteln Inhalte, indem sie Beispiele von Situationen zeigen, in denen die beste Vorgehensweise zu sehen ist. Ziel ist es, dass der Lerner sich mit der Situation bzw. der agierenden Person identifiziert und das gezeigte Verhalten imitiert.

bit.ly/2TJvlrL

HERVORRAGEND GEEIGNET, UM ...

- ... Prozesse und Abläufe praxisnah zu demonstrieren
- ... Verhaltensmuster zu trainieren
- ... Transferimpulse zu liefern
- ... Vertrauen aufzubauen

METHODENKRITERIEN

- Änderungen: sehr schwierig
- Komplexität: mittel
- Zielgruppengröße: ab 500

PRODUKTION

- didaktischer Anspruch: niedrig
- Produktionszeit inkl. Feedback: 4–6 Wochen
- Nettoaufwand für Autoren: 4–6 Tage

IST GEEIGNET FÜR

WISSEN ★★★☆☆   EINSTELLUNG ★★★★☆   VERHALTEN ★★★★☆

ANWENDUNGSIDEEN

- **Produktvorstellungen:** Es gibt unzählige Möglichkeiten, um ein neues Produkt vorzustellen. Die fünf besten Herangehensweisen könnten als Best-Practice-Video vorgestellt werden. Der Lerner kann dann selbst entscheiden, welche Best Practice am besten zu ihm passt, und diese übernehmen.

- **Schwierige Gespräche führen:** Ob Gespräche mit unzufriedenen Kunden, Einwandsbehandlungen oder Kritikgespräche mit Mitarbeitern – Beispiele für gute Reaktionen und Argumentationen helfen den Lernern, sich effektiv auf solche Gespräche vorzubereiten.

- **Verkaufstipps von Kollegen:** Es gibt nicht das eine Verkaufsargument, das bei jedem Kunden zieht. Unterschiedliche Verkäufer haben unterschiedliche Kunden. Bei einer Sammlung von Best-Practice-Videos können Mitarbeiter ihre Erfahrungen teilen und somit auch andere Kollegen zu besseren Verkaufschancen verhelfen. Zudem schaffen Tipps von Kollegen Vertrauen und der Lerner kann sich besser mit der realitätsnahen Situation identifizieren.

- **Code of Conduct:** Regelkonform verhalten – gerade da, wo es rechtlich eng wird. In Best-Practice-Videos lässt sich eingängig vermitteln, was im Sinne der Antikorruptions- oder der Datenschutzrichtlinien rechtens ist. Realistische Situationen sorgen für mehr Verständnis und Relevanz: Der Lerner weiß nicht nur, wie er sich wann verhalten muss, sondern kann nachvollziehen, warum bestimmte Regeln gelten.

D10 – VIDEOQUIZ

BESCHREIBUNG DER METHODE

Bei einem Videoquiz sieht der Lerner kurze Videoclips, zu denen er jeweils eine Frage bearbeitet. Er erhält sofort ein Feedback zu seiner Antwort, bevor er sich den nächsten Videoclip anschaut. Im Gegensatz zu einer Gesprächssimulation ist das Videoquiz linear aufgebaut, das heißt, der Lerner bekommt die einzelnen Clips unabhängig von seinen Antworten angezeigt.

bit.ly/2RkjqiM

HERVORRAGEND GEEIGNET, UM …

- … die Beobachtungsgabe zu trainieren
- … sofortiges Feedback zu erhalten
- … Wissen abzufragen

METHODENKRITERIEN

- Änderungen: schwierig
- Komplexität: mittel bis hoch
- Zielgruppengröße: ab 500

PRODUKTION

- didaktischer Anspruch: hoch
- Produktionszeit inkl. Feedback: 6–8 Wochen*
- Nettoaufwand für Autoren: 20–25 Personentage*

* hier ein 10-Minuten-Videoquiz

IST GEEIGNET FÜR

WISSEN ★★★★★   EINSTELLUNG ★★☆☆☆   VERHALTEN ★★★★☆

ANWENDUNGSIDEEN

- **Beurteilen der Gesprächsführung:** In einem Videoquiz werden dem Lerner verschiedene Ausschnitte aus Gesprächen gezeigt. Die Aufgabe des Lerners besteht darin, an verschiedenen Stellen das kommunikative Verhalten der Gesprächsteilnehmer zu beurteilen. Mögliche Themen sind z. B. Feedback-, Zielvereinbarungs-, Verkaufs- oder Beratungsgespräche.

- **Erkennen von Kundentypen:** Der Lerner kann in einem Videoquiz trainieren, Kundentypen einzuschätzen. In kurzen Videosequenzen werden ihm verschiedene Kunden vorgestellt. Die Aufgabe des Lerners: einzuschätzen, welche Bedürfnisse der Kunde hat, was seine Anforderungen sind, welche Verkaufsargumente er für diesen Kunden nutzen kann. Nach jeder Beurteilung erhält der Lerner ein Feedback, ob seine Einschätzung richtig war.

- **Bewerten von Verkaufstechniken:** Im Videoquiz sieht sich der Lerner kurze Ausschnitte aus Verkaufsgesprächen an. An bestimmten Punkten soll er jeweils die Verkaufstechnik des Verkäufers beurteilen. Aus dieser Beobachterposition heraus kann er leichter Fehler bzw. problematische Gesprächsführungen erkennen und dieses Wissen auf eigene Verkaufsgespräche übertragen.

- **Körpersprache beurteilen:** Im Anschluss an ein Körpersprachetraining kann der Lerner in einem Videoquiz die Körpersprache einer anderen Person beurteilen. An mehreren Stellen unterbricht das Video und der Lerner soll beurteilen, was die Körpersprache der Person vermittelt. Im Anschluss erhält er direkt eine Rückmeldung zu seiner Antwort und sieht dann die nächste Videosequenz.

D11 – KUNDENINTERVIEW

BESCHREIBUNG DER METHODE

In einem Kundeninterview werden die Wünsche und Erwartungen der Kunden ermittelt. Daraus lässt sich ableiten, warum das Change-Projekt nötig oder die geplante Trainingsmaßnahme wichtig ist. Die Motive für die Maßnahme werden also von den Kunden begründet, was die Teilnehmer aktiviert und motiviert. Aussagen in Kundeninterviews werden nämlich häufig als viel ehrlicher und glaubwürdiger bewertet, als wenn beispielsweise der Vorstand berichtet, was die Kunden erwarten. Wenn außerdem nicht nur ein Kunde gezeigt wird, sondern fünf bis sechs Kunden, wirkt sich das positiv auf die Wahrnehmung eines Projekts oder einer Maßnahme aus.

bit.ly/2PYEDIL

HERVORRAGEND GEEIGNET, UM ...

- ... zum Auftakt einer Maßnahme zu aktivieren
- ... die Lerner zu motivieren
- ... auf Einwände und Beschwerden zu reagieren

METHODENKRITERIEN

- Änderungen: schwierig
- Komplexität: niedrig
- Zielgruppengröße: ab 500

PRODUKTION

- didaktischer Anspruch: niedrig
- Produktionszeit inkl. Feedback: 6–8 Wochen*
- Nettoaufwand für Projektleiter: 5 Personentage*

hier 3 Interviews

IST GEEIGNET FÜR

WISSEN ★★☆☆☆   **EINSTELLUNG** ★★★★☆   **VERHALTEN** ★★★☆☆

ANWENDUNGSIDEEN

- **Customer Unhappiness:** Bei Customer Unhappiness geht es darum, die Kunden zu befragen, was ihnen gerade nicht gefällt, z. B. in Bezug auf Organisation, Produkte, Service etc. Dieses „Mecker-Forum" bildet den Auftakt, um den Teilnehmern das neue Programm zu präsentieren. Ziel des Trainingsprogramms ist es also, zu beweisen, dass mehr möglich ist als bisher. Die Teilnehmer werden darauf eingeschworen, dass es sich lohnt, Zeit und Energie zu investieren, um besser beim Kunden anzukommen. Diese Anwendung ist vor allem zu Beginn einer Maßnahme ratsam, wenn es darum geht, die Aufmerksamkeit und das Vertrauen der Teilnehmer zu bekommen.

- **Kundenorientierung:** Die Kundenorientierung in Interviews zu zeigen, ist das Gegenstück zur Customer Unhappiness. Dabei geht es darum, die folgenden Fragen zu beantworten:

    - Welche Erwartungen haben die Kunden an uns?
    - Warum haben sie diese Erwartungen?
    - Was verbinden die Kunden mit den Erwartungen?

    Im Prinzip können hier dieselben Kunden interviewt werden wie bei der Customer Unhappiness, nur dass diese Interviews erst später eingesetzt werden, z. B. zum Start in die Transferphase.

D12 – EXPERTENINTERVIEW

BESCHREIBUNG DER METHODE

In einem Video sieht der Lerner, wie ein Experte zum jeweiligen Trainingsthema Rede und Antwort steht. Der Experte verleiht den besprochenen Inhalten Glaubwürdigkeit und vermittelt dem Lerner überzeugend, wie relevant das Training ist.

bit.ly/2zr74hy

HERVORRAGEND GEEIGNET, UM ...

- ... Zusatzwissen zu vermitteln
- ... den Nutzen einer Maßnahme zu bestätigen
- ... Vertrauen aufzubauen
- ... auf Einwände und Beschwerden zu reagieren

METHODENKRITERIEN

- Änderungen: sehr schwierig
- Komplexität: mittel
- Zielgruppengröße: ab 1.000

PRODUKTION

- didaktischer Anspruch: mittel
- Produktionszeit inkl. Feedback: 6–8 Wochen*
- Nettoaufwand für Autoren: 4–6 Personentage*

hier 3 Interviews

IST GEEIGNET FÜR

WISSEN ★★★★★   **EINSTELLUNG** ★★★☆☆   **VERHALTEN** ★★☆☆☆

ANWENDUNGSIDEEN

- **Einblicke in die Produktentwicklung:** Bei einem ganz neuen Produkt ist es spannend, Einblicke in dessen Entwicklung zu gewinnen:

  - Details zu neuen Features aus Entwicklersicht
  - Kontexte, warum gewisse Entwicklungen notwendig waren
  - Erklärungen, warum gewisse Wendungen in der Entwicklungsphase vorzunehmen waren
  - Einblicke in die Analysephase, die erläutern, was das Produkt aus Verbrauchersicht nützlich macht

  Die Produktentwickler brennen zudem meist für ihr Produkt und sorgen so ganz authentisch und nahezu beiläufig für Begeisterung bei den Lernern.

- **Unterstützung bei ungeliebten Themen:** Bei strukturellen Veränderungen im Unternehmen kann der Chef intern als Experte Rede und Antwort stehen. Als Verantwortlicher für die Umstrukturierung werden ihm kritische Fragen gestellt und er kann aus seiner Sicht erläutern, warum die Veränderungen im Unternehmen notwendig sind. Bei bahnbrechenden Veränderungen an einem Produkt, die viele ungeliebte prozessuale Änderungen mit sich bringen, kann der Produktmanager sich als Experte zu Wort melden. Er kann die Veränderungen erläutern und aus seiner Sicht schildern.

- **FAQs an den Experten:** Ist das Trainingsthema komplex oder ist das Warum dahinter unklar, treten im Laufe eines Projekts manche Fragen schon während der Trainingsphase immer und immer wieder auf. Ein Experte kann diese Fragen aufgreifen und im Interviewformat klären.

- **Format für Zusatzinformationen:** Ist eine Trainingszielgruppe vom Wissensstand her sehr heterogen, können in einem Trainingsmodul verschiedene Wissensebenen angeboten werden. Wer es ganz genau wissen möchte, erhält durch Videos mit Experteninterviews noch zusätzliche Informationen und erschließt tiefere Wissenszusammenhänge.

D13 – HOW-TO-FILM

BESCHREIBUNG DER METHODE

How-to-Filme sind kurze Aufzeichnungen, in denen Menschen eine bestimmte Vorgehensweise erklären und zeigen, wie man sie umsetzt. Zum Beispiel das Wechseln eines Fahrradschlauchs oder das Streichen eines Fensterrahmens. Im Seminarkontext wird das Hands-on-Training genannt. Da die Teilnehmer oftmals schon Erfahrung haben, ist es nicht notwendig, jedes Mal ein neues Präsenztraining zu veranstalten. Deshalb steigen immer mehr Unternehmen auf How-to-Filme um.

bit.ly/2Byt3Vm

HERVORRAGEND GEEIGNET, UM …

- … Prozesse und Abläufe zu visualisieren
- … Handlungsabläufe zu demonstrieren
- … Kundenanleitungen zu erstellen

METHODENKRITERIEN

- Änderungen: mittel, je nach Produktionskosten
- Komplexität: mittel
- Zielgruppengröße: beliebig

PRODUKTION

- didaktischer Anspruch: niedrig
- Produktionszeit inkl. Feedback: 3–5 Wochen*
- Nettoaufwand für Autoren: 8 Personentage**

* hier netto ein 10-Minuten-Film

**hier 1 Drehtag = 5–7 Clips

IST GEEIGNET FÜR

WISSEN ★★★★☆   EINSTELLUNG ★★☆☆☆   VERHALTEN ★★☆☆☆

ANWENDUNGSIDEEN

- **Handwerkliche Abläufe:** Handwerkliche Abläufe kann man ideal als How-to-Film aufbereiten, was sich auch daran zeigt, dass es Unmengen solcher Filme z. B. auf YouTube gibt. Der Vorteil der Methode: Der Lerner sieht direkt, was er wie machen muss, kann es ggf. simultan nachmachen und bekommt außerdem noch wertvolle Zusatztipps als Kommentar von dem Experten im Film.

- **Prozessuale Abläufe:** Bei einem Barcamp mit einem übergeordneten Thema kann eine Zielgruppe aus Experten selbst bestimmen, wie sie sich diesem Thema nähern wollen. So kann vermieden werden, dass Themen und Vorträge gehalten werden, die bereits bekannt oder uninteressant sind. Stattdessen können für die Zielgruppe interessante neue Erkenntnisse und nachvollziehbare Erfahrungen aus erster Hand geteilt werden.

- **Aktive Netzwerkveranstaltung:** Filme zu prozessualen Abläufen ähneln denen zu handwerklichen Abläufen. Dabei kommt es aber weniger auf die einzelnen Handgriffe an, sondern darauf, in welcher Reihenfolge die Schritte durchgeführt werden. Der Experte im Film erklärt, warum die Schritte in der entsprechenden Reihenfolge durchgeführt werden müssen und welche Konsequenzen es hat, wenn die Reihenfolge nicht eingehalten wird. Sinn, Ziel und Zweck ist es, Prozessstabilität in den Kopf zu bringen, weshalb das Vormachen ein relevanter Aspekt ist.

D14 – PROZESSSIMULATION

BESCHREIBUNG DER METHODE

In einer Prozesssimulation kann der Lerner alle Phasen eines Prozesses durchlaufen. Er bekommt jeweils kurze Videosequenzen, Grafiken oder Texte präsentiert und entscheidet sich dann für eine der Handlungsoptionen. Abhängig von der gewählten Option wird ihm dann der Folgeschritt angezeigt; die Simulation verläuft also non-linear. Am Ende der Simulation erhält der Lerner ein gesammeltes Feedback.

bit.ly/2r79pdg

HERVORRAGEND GEEIGNET, UM …

- … Prozesse zu verinnerlichen
- … das Lernen aus Fehlern zu üben
- … den Umgang mit sensibler Software zu trainieren

METHODENKRITERIEN

- Änderungen: schwierig
- Komplexität: hoch
- Zielgruppengröße: ab 500

PRODUKTION

- didaktischer Anspruch: sehr hoch
- Produktionszeit inkl. Feedback: 6–8 Wochen*
- Nettoaufwand für Autoren: 10–12 Personentage*

hier eine Simulation

IST GEEIGNET FÜR

WISSEN ★★★★★   EINSTELLUNG ★★☆☆☆   VERHALTEN ★★★★★

ANWENDUNGSIDEEN

- **Umgang mit Reklamationen:** Wenn ein Kunde einen Artikel reklamiert, müssen nicht nur die richtigen Kommunikationstechniken eingesetzt werden, sondern der Mitarbeiter muss auch die Standardprozesse einhalten. In einer Prozesssimulation kann er genau das trainieren: Der Lerner durchläuft eine Kundenreklamation und erhält am Ende ein gesammeltes Feedback.

- **Upselling trainieren:** Beim Upselling müssen Mitarbeiter einerseits Kommunikationstechniken beherrschen und andererseits Prozesswissen haben. In einer Prozesssimulation liegt der Fokus auf Letzterem. Der Lerner muss beurteilen können, was er welchem Kunden in Abhängigkeit vom aktuell gewählten Produkt verkaufen kann. In einer Prozesssimulation durchläuft er genau diese Entscheidungsschritte und erhält am Ende ein gesammeltes Feedback.

- **Software trainieren:** Vor allem bei komplexer Software bzw. sensiblen Daten ist es wichtig, dass der Mitarbeiter die Software gut beherrscht. Wenn es schwierig ist, im Livesystem zu üben, bietet eine Prozesssimulation eine ideale Möglichkeit, um Software zu trainieren. Der Lerner spielt verschiedene Use Cases durch und erhält anschließend ein gesammeltes Feedback.

- **Produktionsprozess simulieren:** Mitarbeiter in der Produktion müssen genau wissen, wie der Produktionsprozess funktioniert, um Fehler auszuschließen. In einer Prozesssimulation können sie die einzelnen Schritte durchlaufen und jeweils beurteilen, welcher der nächste Prozessschritt ist. Wenn der Lerner sich falsch entscheidet, simuliert die Methode mögliche Konsequenzen. Dies verstärkt den Lerneffekt, da der Lerner so begreifen kann, warum bestimmte Abläufe zwingend notwendig sind. Am Ende erhält der Lerner ein gesammeltes Feedback.

D15 – UMSETZUNGSAUFGABE

BESCHREIBUNG DER METHODE

Umsetzungsaufgaben unterstützen die Lerner dabei, das Gelernte in ihrem Alltag anzuwenden. Sie bearbeiten praxisnahe Aufgaben zu den gelernten Inhalten. Aus dem theoretischen Wissen wird so praktisches Wissen. Das Format ist vielfältig: Umsetzungsaufgaben lassen sich toolgestützt anbieten; sie können aber auch mündlich übermittelt werden oder in einer einfachen E-Mail, die der Trainer seinen Teilnehmern sendet.

bit.ly/2ReLqnV

HERVORRAGEND GEEIGNET, UM …

- … Transferimpulse zu liefern
- … Wissen kontinuierlich zu vertiefen
- … ein Seminar nachzubereiten
- … eine überraschend neue Perspektive zu eröffnen

METHODENKRITERIEN

- Änderungen: einfach, je nach Art der Umsetzung
- Komplexität: mittel
- Zielgruppengröße: beliebig

PRODUKTION

- didaktischer Anspruch: mittel bis hoch
- Produktionszeit inkl. Feedback: 1–2 Wochen*
- Nettoaufwand für Autoren: 4–12 Stunden*

hier eine Umsetzungsaufgabe

IST GEEIGNET FÜR

| WISSEN ☆☆☆☆☆ | EINSTELLUNG ★★★☆☆ | VERHALTEN ★★★★★ |

ANWENDUNGSIDEEN

- **Verhaltensänderungen im Alltag umsetzen:** Ein neues Verhalten in den eigenen Alltag zu integrieren, ist immer eine besondere Herausforderung. Umsetzungsaufgaben können Lerner in kleinen Schritten an neue Verhaltensweisen heranführen. So erleben sie weniger Frustration und kommen in kleinen, aber sicheren Schritten ans Ziel. Beispiele für Umsetzungsaufgaben zum Thema „Feedback geben":

    - Feedbackgespräche langfristig im Kalender vormerken
    - Mitarbeitern bewusst positives Feedback geben

- **Auszubildende und Trainees arbeitsfähig machen:** Junge Leute, die noch in der Ausbildung sind und wenig Erfahrung haben, erhalten praxisnahe Umsetzungsaufgaben. So können sie sich ausprobieren, ohne dass negative Konsequenzen drohen. Zur Erleichterung für die Führungskraft kann eine Aufgabenbox zusammengestellt werden, aus der je nach Ausbildungsgrad des Azubis Aufgaben gewählt werden können.

- **Verhalten bewusst reflektieren:** Eine Umsetzungsaufgabe kann auch zur persönlichen Reflexion genutzt werden: „Lächelst Du eigentlich bei der Begrüßung Deines Kunden?" Spannende Frage, oder? Bei verhaltensorientierten Themen können Umsetzungsaufgaben auch Reflexionsfragen sein, die den Lerner zu einem bewussteren Verhalten führen.

- **Von anderen lernen:** Mal andere Wege gehen: Wie verkauft eigentlich der Wettbewerber seine Produkte? Die Umsetzungsaufgabe könnte heißen: Gehe in die Filiale des Wettbewerbers und gebe Dich als Kunde aus – reflektiere, was der Wettbewerber besser macht und wovon Du lernen kannst. Oder: Ein Unternehmen möchte kundenorientierter werden. Die Umsetzungsaufgabe dazu könnte heißen: Gehe in ein Luxushotel, lasse Dich für einen Aufenthalt dort beraten und erlebe, wie guter Service funktioniert.

D16 – PODCAST

BESCHREIBUNG DER METHODE

Ein Podcast ist eine Serie aus Audioaufnahmen, die einer Zielgruppe in einem bestimmten Zeitrhythmus zur Verfügung gestellt wird. Mit Podcasts kann der Lerner überall und jederzeit lernen. Diese Methode ist daher bestens für mobile Zielgruppen geeignet. Insbesondere Pendler oder Mitarbeiter, die viel reisen und dadurch stark terminlich gebunden sind, können so Fahrten im Auto oder mit der Bahn effektiv nutzen.

bit.ly/2P42aMs

HERVORRAGEND GEEIGNET, UM ...

- ... einen zusätzlichen (Audio-)Kanal für Lerner, die viel unterwegs sind, zu schaffen
- ... Wissen kontinuierlich zu vertiefen
- ... den Transfer zu erhöhen

METHODENKRITERIEN

- Änderungen: mittel
- Komplexität: mittel
- Zielgruppengröße: ab 500

PRODUKTION

- didaktischer Anspruch: niedrig
- Produktionszeit inkl. Feedback: 2–3 Wochen*
- Nettoaufwand für Autoren: 3–4 Personentage*

* hier ein 15-Minuten-Podcast

IST GEEIGNET FÜR

WISSEN ★★★☆☆   **EINSTELLUNG** ★★★☆☆   **VERHALTEN** ★★★☆☆

ANWENDUNGSIDEEN

- **Zusätzlicher Kanal:** Bei der Entscheidung für Trainingsformate und deren Entwicklung ist Reichweite das zentrale Thema. Die Zielgruppe ist häufig heterogen: Manche lernen am liebsten mit dem Handy, andere bevorzugen Präsenztrainings, wieder andere nutzen am liebsten den Rechner. Und dann gibt es noch die Gruppe, die eigentlich keine zusätzliche Zeit hat und die tote Zeit gerne effektiv nutzen möchte. Diese Zielgruppe kann man gut mit Podcasts erreichen, wenn man den Podcast so nutzt, dass er eine Abwandlung des eigentlichen Trainingsformats darstellt. Mit relativ niedrigen Kosten wird so die Reichweite deutlich erhöht.

- **Vertiefung eines Themas:** Mit Podcasts kann man einzelne Themen, die im Online-Training oder Seminar nur angerissen wurden, in fünf bis sieben kurzen Sequenzen vertiefen. Die Sequenzen verknüpfen die Themen stärker mit der Praxis. Zum Beispiel, indem die Teilnehmer wertvolle Impulse bekommen, wie sie das Thema im Alltag umsetzen können; oder indem ihnen typische Blockaden aufgezeigt werden, die sie bei der Umsetzung überwinden können.

- **Mindset in der Transferphase:** Den größten Effekt haben Podcasts in der Transferphase, wenn sie positiv verstärkend wirken. Wenn echte Menschen echte Erfahrungen teilen, kann das den Lerner anspornen und motivieren. Personen, die auch an dem Programm teilgenommen haben bzw. in derselben Phase sind, gehen sozusagen in den gedanklichen Austausch mit dem Lerner und nehmen eine Vorbildrolle ein. Sie gehen vorweg und reißen den Lerner mit, um ihn bei seiner persönlichen Umsetzung zu unterstützen.

D17 – HÖRBUCH

BESCHREIBUNG DER METHODE

Ein Hörbuch ist ein auditiver Einmalimpuls und dauert 20 bis 60 Minuten. Die Inhalte sind als Geschichte aufbereitet; für die Produktion brauchst Du also ein gutes Drehbuch und einen professionellen Sprecher. Dadurch ist die Produktion aufwendiger, aber die Methode ist sehr wirksam, wenn die Zielgruppe gut über den auditiven Kanal lernt. Aufwandsmäßig liegt das Hörbuch zwischen einem Podcast und einem Video.

bit.ly/2Bzflfw

HERVORRAGEND GEEIGNET, UM ...

- ... Anwendungsgeschichten zu erzählen
- ... Erfolgsgeschichten zu erzählen
- ... von Kundenerfahrungen zu erzählen

METHODENKRITERIEN

- Änderungen: sehr teuer
- Komplexität: hoch
- Zielgruppengröße: ab 2.000

PRODUKTION

- didaktischer Anspruch: hoch
- Produktionszeit inkl. Feedback: 8–10 Wochen*
- Nettoaufwand für Autoren: 25–30 Personentage*

* hier ein 60-Minuten-Hörbuch

IST GEEIGNET FÜR

WISSEN ★★★☆☆   **EINSTELLUNG** ★★★☆☆   **VERHALTEN** ★★★☆☆

ANWENDUNGSIDEEN

- **Anwendungsgeschichten:** Anwendungsgeschichten bringen dem Lerner näher, wie man ein bestimmtes Tool oder ein Werkzeug verwendet oder wie ein Prozess funktioniert. Eine mögliche Technik, um den Lerner zu aktivieren, ist der Einsatz von Humor. Setzen Sie Humor überlegt und in Maßen ein, um das Training nicht ins Lächerliche zu ziehen. Eine andere Technik ist ein klassischer Geschichtenaufbau („Es war einmal …"). Dieser Aufbau sorgt für eine hohe Aufmerksamkeitskurve und lässt konkrete Bilder im Gehirn entstehen. Durch die Bilder im Teilnehmerkopf erhöht sich die Merkfähigkeit.

- **Erfolgsgeschichten:** Erfolgsgeschichten kann man als kleine Heldenreisen aufbauen: Ein Charakter stößt auf ein Problem, das zunächst unlösbar scheint, aber im Verlauf der Geschichte gewinnt der Charakter verschiedene Erkenntnisse und am Ende löst er das Problem und wird zum Helden. Der Charakter sollte ein hohes Identifikationspotenzial für den Teilnehmer haben, damit er die Möglichkeit hat, die Geschichte auf seinen Alltag zu übertragen und dort dasselbe Vorgehen zur Lösung des Problems anzuwenden.

- **Kundenerfahrungen:** Nur wenn der Lerner nachempfinden kann, wie sich der Kunde fühlt, kann er verstehen, warum er etwas verändern sollte. Eine Kundenerfahrung kann alltägliche Erlebnisse des Lerners, wie endlos lange Schlangen an der Supermarktkasse, damit verknüpfen, wie Kunden sich fühlen, wenn sie lange in der Hotline warten müssen. Wenn der Teilnehmer diese Frustration nachempfinden kann, also die Kundenbrille aufgesetzt bekommt, wird er für die Gefühle und Bedürfnisse des Kunden sensibilisiert.

D18 – UMFRAGE

BESCHREIBUNG DER METHODE

Eine Umfrage kann zu verschiedenen Zeitpunkten zum Einsatz kommen: vor dem Training, während des Trainings oder nach dem Training. Sie gibt dem Trainer die Möglichkeit, herauszufinden, was die Lerner denken, und liefert ohne großen Aufwand ein differenziertes Stimmungs- und Meinungsbild.

bit.ly/2PSaHr6

HERVORRAGEND GEEIGNET, UM …

- … Meinungen abzufragen
- … Stimmungen abzufragen
- … Rückmeldungen zum Lernfortschritt zu erhalten
- … Feedback zu liefern

METHODENKRITERIEN

- Änderungen: sehr einfach, je nach Autorentool
- Komplexität: einfach
- Zielgruppengröße: ab 500

PRODUKTION

- didaktischer Anspruch: einfach
- Produktionszeit inkl. Feedback: 6–8 Wochen*
- Nettoaufwand für Autoren: 20–25 Personentage*

* hier eine Umfrage

IST GEEIGNET FÜR

| WISSEN ☆☆☆☆☆ | EINSTELLUNG ★★★★☆ | VERHALTEN ★☆☆☆☆ |

ANWENDUNGSIDEEN

- **Vor dem Training Lernziele abfragen:** Eine Umfrage kann genutzt werden, um vorab bei den Lernern zu erfragen, was ihre persönlichen Lernziele sind. So kann der Trainer die Gruppe bereits vor dem Seminar kennenlernen und ggf. die Trainingsinhalte anpassen.

- **Nach dem Training Fortschritt erfragen:** Eine Umfrage zum Fortschritt nach dem Training erfüllt mehrere Ziele: Zum einen verhindert sie, dass die Lerner die Inhalte direkt wieder vergessen, da sie so aktiv erinnert werden. Zum anderen kann der Trainer eine Rückmeldung bekommen, wie gut die Lerner bei der Umsetzung vorankommen und wo Probleme bestehen. So kann er gezielt seine Unterstützung anbieten.

- **Selbstreflexion:** In Einzelarbeit kann man eine Selbstreflexion nutzen, um das eigene Empfinden und Verhalten in vergangenen Situationen zu betrachten und zu bewerten. Auf diese Weise erfährt der Lerner mehr über eigene Stärken oder Schwächen und kann seine persönlichen Entwicklungsfelder definieren. Die Selbstreflexion ist ein wichtiges Instrument, um die Kommunikation und das Führungsverhalten zu verbessern.

- **Vor dem Seminar Bedürfnisse abfragen:** Häufig treffen Trainer und Lerner im Training zum ersten Mal aufeinander. Wenn der Trainer vorab die Bedürfnisse der Lerner per Umfrage abfragt, kann er ein besseres Bild von der Teilnehmergruppe bekommen und so sein Trainingskonzept bereits im Vorfeld zielgruppenspezifisch anpassen.

- **Nach dem Seminar Feedback einholen:** Anstelle eines Feedbackfragebogens kann der Trainer sich auch per Umfrage Feedback zu seinem Training einholen. Hierbei muss jedoch sichergestellt sein, dass die Umfrage die Teilnehmer zeitnah zum Seminarende erreicht.

D19 – INFORMATION

BESCHREIBUNG DER METHODE

Eine Methode im Blended-Learning-Kontext muss nicht immer hohen Aufwand bedeuten. Manchmal reichen auch einfache Informationen. Sie sollten dort eingestellt werden, wo sie auch gesucht werden, zum Beispiel im Intranet. Zudem gilt das Motto: „Tue Gutes und rede darüber." Denn auch Trainings müssen intern vermarktet werden – sonst ist die Investition in das Training vergebens.

bit.ly/2Qja2yl

HERVORRAGEND GEEIGNET, UM ...

- ... Informationen über das Training zu verbreiten
- ... Lernimpulse für die Teilnehmer zu liefern
- ... zu motivieren
- ... konkrete Aufgaben zu stellen

METHODENKRITERIEN

- Änderungen: sehr einfach, je nach Intranet
- Komplexität: einfach
- Zielgruppengröße: beliebig

PRODUKTION

- didaktischer Anspruch: gering
- Produktionszeit inkl. Feedback: beliebig
- Nettoaufwand für Autoren: beliebig

IST GEEIGNET FÜR

| WISSEN ★★★★★ | EINSTELLUNG ☆☆☆☆☆ | VERHALTEN ☆☆☆☆☆ |

ANWENDUNGSIDEEN

- **Information über neue Trainings:** Ein Training sollte nicht einfach nur im Learning-Mangement-System zur Verfügung gestellt werden – das Intranet kann dafür genutzt werden, um Werbung für ein neues Training zu machen oder um erste wichtige Informationen zum Training zu verbreiten, wie z. B. den Startzeitpunkt, verfügbare Formate und den Ort.

- **Verbreitung von Umsetzungsaufgaben:** Je nachdem, welche technischen Möglichkeiten das jeweilige Learning-Management-System bietet, kann es eine Option sein, das Intranet zur Verbreitung einzelner Trainingskomponenten zu nutzen, z. B. wenn Methoden wie Umsetzungsaufgaben zentral zur Verfügung gestellt werden sollen.

D20 – TRANSFER-APP

BESCHREIBUNG DER METHODE

Die Transfer-App ist ein Format, das eine Brücke zwischen theoretisch erlernten Inhalten und einer tatsächlichen Verhaltensänderung im Alltag baut. Kurze Impulse unterstützen den Lerner, sein bestehendes Wissen praktisch anzuwenden. Die Transfer-App liefert auch die technische Basis dafür. Als Impulse eignen sich Reflexionsfragen, kompakte Learning Nuggets oder konkrete Umsetzungsaufgaben. Alle Impulse sollten niederschwellig sein und für Erfolgserlebnisse beim Lerner sorgen. Die Aufgaben sind zeitlich getaktet und bauen aufeinander auf. Der Lerner erhält per E-Mail regelmäßige Reminder, die ihn auf neue oder noch ausstehende Aufgaben hinweisen. Für die Bearbeitung eines Impulses sollte der Lerner max. 7 Minuten benötigen.

bit.ly/2P2SVMP

HERVORRAGEND GEEIGNET, UM ...

- ... Umsetzungsaufgaben zu stellen
- ... den Transfer zu erhöhen
- ... die Lerner zu motivieren
- ... Wissen aufzufrischen

METHODENKRITERIEN

- Änderungen: einfach, je nach Art der Umsetzung
- Komplexität: mittel bis hoch
- Zielgruppengröße: beliebig

PRODUKTION

- didaktischer Anspruch: hoch
- Produktionszeit inkl. Feedback: 3–4 Wochen*
- Nettoaufwand für Autoren: 4–10 Personentage*

* hier eine Transfer-App mit 4 Impulsen à 5–7 Minuten

IST GEEIGNET FÜR

WISSEN ★★★☆☆   EINSTELLUNG ★★★★☆   VERHALTEN ★★★★★

ANWENDUNGSIDEEN

- **Zur Nachbereitung eines Trainings:** Nach einem Training – egal, ob Präsenztraining oder E-Learning – ist die Gefahr des Vergessens groß. Der Einsatz einer Transfer-App kann helfen, Wissen aufzufrischen, zu wiederholen und bei Bedarf sogar zu vertiefen. Kurze „Wissen Sie noch …?"-Impulse und die Präsentation von ergänzenden Inhalten regen die langfristige Speicherung von Wissen an. Durch ergänzende Umsetzungsaufgaben kann die Transfer-App den Lerner darüber hinaus bei der praktischen Umsetzung von Wissen begleiten.

- **Zur Verbreitung von Umsetzungsaufgaben:** Eine Transfer-App ist der optimale Rahmen, um Umsetzungsaufgaben zu stellen. Umsetzungsaufgaben erleichtern es dem Lerner nach einem Seminar oder Training, das Gelernte in seinem Arbeitsalltag erfolgreich umzusetzen. Der Schwierigkeitsgrad der Aufgaben sollte sich langsam steigern, sodass weder Frust noch Unterforderung beim Lerner aufkommen.

- **Zur Unterstützung von Change-Prozessen:** Bei Change-Prozessen ist es wichtig, alle Mitarbeiter aktiv in die Veränderungen miteinzubeziehen und für positive Erfahrungen zu sorgen. Eine Transfer-App kann hierbei eine große Hilfe sein! Kurze Impulse mobilisieren die Lerner und sorgen dafür, dass alle Mitarbeiter aktiv werden. Neue Prozesse und Abläufe werden Stück für Stück erarbeitet, sodass die Lerner nicht überfordert werden. So bestärkt eine Transfer-App die Mitarbeiter und ermöglicht es ihnen, aktiv am Change-Prozess teilzunehmen.

- **Als Begleitung eines Onboarding-Prozesses:** Durch den Einsatz einer Transfer-App kann man den Onboarding-Prozess für neue Mitarbeiter praktisch, relevant und effektiv gestalten. Niederschwellige Impulse und Wissensnuggets unterstützen die Lerner während der Einarbeitung und sorgen für eine positive Ersterfahrung. Durch Aufgaben mit starkem Praxisbezug bereitet eine Transfer-App neue Mitarbeiter optimal auf ihre Arbeit vor und begleitet sie auf ihrem Weg ins Unternehmen.

EIN DICKES DANKE AN DIE
PRÄSENZEXPERTEN DER
EDUTRAINMENT COMPANY FÜR
DIESE TOLLEN METHODEN.

13. METHODENKOFFER PRÄSENZ

P01 – EXPERT DEBRIEFING

BESCHREIBUNG DER METHODE

Ein Expert Debriefing wird eingesetzt, um das Wissen eines Experten an eine andere Person, zum Beispiel einen beruflichen Nachfolger, weiterzugeben. Formulare und Expertenprofile dienen dabei dazu, Erfahrungen zu dokumentieren und das Wissen zu bündeln. Im besten Fall werden Expert Debriefings im Berufsalltag schon frühzeitig, auch unabhängig vom Ausscheiden eines Mitarbeiters, durchgeführt. Dies schafft nicht nur eine umfassende Wissensdatenbank, sondern außerdem Transparenz und wichtige Ansatzpunkte zur Personalsteuerung.

bit.ly/2KxQFfP

HERVORRAGEND GEEIGNET, UM ...

- ... strukturiert Erfahrungen zu einem Thema auszutauschen
- ... Mitarbeiter und Experten zusammenzuführen
- ... eine interne Wissensdatenbank aufzubauen
- ... die Personalsteuerung zu verbessern

VORBEREITUNG

- Vorbereitungsaufwand: mittel
- Komplexität: mittel bis hoch
- didaktischer Anspruch: mittel bis hoch

DURCHFÜHRUNG

- Teilnehmerzahl: jede Gruppengröße
- Durchführungsdauer: wenige Stunden bis mehrere Wochen
- Material: Fragebögen, Material zur Dokumentation

IST GEEIGNET FÜR

WISSEN ★★★★★   EINSTELLUNG ★★★☆☆   VERHALTEN ★★☆☆☆

ANWENDUNGSIDEEN

- **Praxisnahe Einleitung eines Themas im Training:** Zur Einleitung eines neuen Themas oder Agendapunktes kann die Methode des Expert Debriefings eingesetzt werden, um die Wissensstände einer heterogenen Zielgruppe anzugleichen. Einzelne Experten und Wissensträger können ihr Wissen entweder im Plenum, in Kleingruppen oder mit Einzelpersonen teilen, auf Rückfragen reagieren und Selbstlerntipps geben. Dies ermöglicht den praxisnahen Austausch über das neue Thema. Anschließend kann der Trainer das Thema tiefergehend behandeln.

- **Zur Sammlung von Best-Practice-Beispielen:** Bei einem höheren Anteil von Experten zu einem bestimmten Thema kann die Methode des Expert Debriefings auch zur Sammlung von Best-Practice-Beispielen dienen, indem die Wissensträger über ihre bisherigen Erfahrungen berichten. Strukturierte Fragen erleichtern dabei das Finden einzelner Best Practices in bestimmten Situationen.

- **Langfristige Vernetzung von Mitarbeitern:** Durch den Austausch zwischen Experten und unerfahrenen Mitarbeitern entstehen langfristige Netzwerke – mit der Möglichkeit, Expertenmeinungen und Feedback auch über das Expert Debriefing hinaus einzuholen. Die Expert-Debriefing-Methode dient hierbei als Ausgangspunkt für die Vernetzung von Mitarbeitern.

- **Instrument zur Personalsteuerung:** Mithilfe der Methode des Expert Debriefings können Personalsteuerungsfunktionen unterstützt werden, indem zum Beispiel Expertenprofile angelegt und gepflegt werden. Darauf aufbauend können zum Beispiel Job-Maps oder Job-Gruppen definiert werden, die z. B. bei Vertretungs- oder Nachfolgeregelungen Hilfestellung leisten können.

P02 – POWERPOINT KARAOKE

BESCHREIBUNG DER METHODE

Beim PowerPoint Karaoke tragen die Teilnehmer aus dem Stegreif eine ihnen komplett unbekannte Präsentation vor. Der Präsentierende hat dabei keinerlei Möglichkeit, sich inhaltlich auf die Präsentation vorzubereiten. Er muss dem Publikum das fremde Thema ad hoc und nur anhand der vorhandenen PowerPoint-Folien erklären. So lässt sich spielerisch die eigene Rhetorik-, Präsentations- und Improvisationsfähigkeit getrennt von der Fachkompetenz trainieren.

bit.ly/2Byolag

HERVORRAGEND GEEIGNET, UM ...

- ... Präsentation und Rhetorik zu üben
- ... eine Veranstaltung locker einzuleiten
- ... die Teilnehmer zu aktivieren
- ... Kreativität und Improvisationsfähigkeit zu trainieren

VORBEREITUNG

- Vorbereitungsaufwand: gering
- Komplexität: gering
- didaktischer Anspruch: gering bis mittel

DURCHFÜHRUNG

- Teilnehmerzahl: ca. 5–12 Personen
- Durchführungsdauer: 10–45 min
- Material: PC, Beamer, PowerPoint-Datei

IST GEEIGNET FÜR

| WISSEN ☆☆☆☆☆ | EINSTELLUNG ★★★☆☆ | VERHALTEN ★★★★★ |

ANWENDUNGSIDEEN

- **Als Stimm- und Körpersprachentraining:** Als Übungssequenz in kleineren Gruppen kann PowerPoint Karaoke Teil eines Trainings darstellen, das den Einsatz von Körpersprache und Stimme thematisiert. Wichtig dabei ist die anschließende Feedbackrunde: Sowohl das Erlebnis des Vortragenden als auch die Wahrnehmung der zuschauenden Teilnehmer sollten thematisiert werden. Ein Feedbackbogen kann dabei den Blick auf die zu beurteilenden Aspekte schärfen.

- **Als Videoanalyse für Auftritt und Wirkung:** Eine Videoanalyse bietet die Möglichkeit, die eigene Haltung, Gestik und Mimik und deren Wirkung genauer kennenzulernen. In Kombination mit PowerPoint Karaoke ist das ideal, da man die eigene Ausstrahlung in unsicheren und überraschenden Situationen analysieren und Verbesserungspotenzial definieren kann. Dabei ist es besonders wichtig, dass es sich um eine offene Bühne ohne Rednerpult handelt und genügend Zeit zur detaillierten Auswertung eingeplant wird.

- **Als Aktivierungsübung nach der Pause:** PowerPoint Karaoke ist sehr gut als Energizer für zwischendurch geeignet. Dann geht es nicht um den Lerneffekt non-verbaler Kommunikation, sondern nur um die Herausforderung, schnell auf Neues zu reagieren – in diesem Fall auf die unbekannte Folie, die man präsentieren soll.

- **Als spielerischer Wettbewerb mit Übungseffekt:** PowerPoint Karaoke kann ebenfalls als Spiel in lockerer Atmosphäre eingesetzt werden. Dabei werden freiwillige Teilnehmer nach ihrem Vortrag durch das Publikum bewertet, woraufhin zum Abschluss der Veranstaltung ein Sieger gekürt werden kann. Zusätzlich können verschiedene Erweiterungen, wie zufällige Pflichtwörter oder der Einsatz von Pantomime, den Schwierigkeitsgrad beeinflussen und den Spaßfaktor erhöhen.

P03 – WALK TO TALK

BESCHREIBUNG DER METHODE

Walk to Talk ist eine Coaching- und Beratungsmethode, die sich dadurch auszeichnet, dass sie nicht im Büro, sondern draußen und in Bewegung durchgeführt wird. Wie der Name schon sagt, machen Coach bzw. Berater und Klient einen Spaziergang und sprechen dabei miteinander. Das Thema des Gesprächs ist dabei nicht eingegrenzt. Außerhalb der üblichen Umgebung können so Gespräche und Gedanken angeregt werden, die ansonsten nicht zustande gekommen wären.

bit.ly/2Ky1Pkx

HERVORRAGEND GEEIGNET, UM …

- … aktuelle Fragen kurz zu besprechen
- … in einer kreativen Session neue Ideen zu entwickeln
- … vergangene Situationen oder Verhaltensweisen zu reflektieren
- … als ergänzendes Führungsinstrument zu dienen

VORBEREITUNG

- Vorbereitungsaufwand: gering
- Komplexität: gering
- didaktischer Anspruch: gering

DURCHFÜHRUNG

- Teilnehmerzahl: 2 Personen
- Durchführungsdauer: 1–3 Stunden
- Material: ggf. Material zur Dokumentation

IST GEEIGNET FÜR

WISSEN ★★★☆☆   **EINSTELLUNG** ★★★★★   **VERHALTEN** ★★★☆☆

ANWENDUNGSIDEEN

- **Zweiergespräch zur Selbstreflexion:** Die Methode des Walk to Talk kann zum Beispiel zur Selbstreflexion eingesetzt werden. Mögliche Fragen, die im Rahmen des Gesprächs frei besprochen und reflektiert werden können, sind:

  - Was steckt hinter meinem Verhalten?
  - Was sind meine Stärken?
  - Wo kann ich mich verbessern?
  - Wohin möchte ich mich entwickeln?

- **Meeting zur kreativen Ideenentwicklung:** Walk to Talk können Sie zur Einleitung eines Ideen-Meetings im Büro einsetzen. Aufgrund des Umgebungswechsels und der Bewegung setzt Walk to Talk viel Energie für das folgende Meeting frei: Die neuen Eindrücke beim Spazieren sowie der Abstand zu gewohnten Denkmustern rufen neue Ideen hervor, die anschließend festgehalten und auf ihre Umsetzbarkeit hin geprüft werden können.

- **Schwierige Gespräche und Problemlösung:** Bei schwierigen Gesprächen oder Konflikten innerhalb des Teams kann es sehr hilfreich sein, die gewohnte Umgebung zu verlassen. Walk to Talk bringt im wahrsten Sinne des Wortes Bewegung in eine verfahrene Situation. Das gemeinsame Spazieren kann den Druck aus der Unterhaltung nehmen und lässt natürliche Pausen zum Nachdenken zu.

- **Als ergänzendes Führungsinstrument:** Walk to Talk stellt ein Führungsinstrument dar, wenn es regelmäßig für kurze Mitarbeitergespräche eingesetzt wird. Während eines gemeinsamen Spaziergangs können die Performance und die Entwicklung des Mitarbeiters sowie die Teamatmosphäre besprochen werden. Weiterer Vorteil: Man wird während des Gesprächs nicht gestört.

P04 – FEDEX DAY

BESCHREIBUNG DER METHODE

Fedex hat sich zum Ziel gesetzt, jedes Paket innerhalb von 24 Stunden auszuliefern. Und so funktioniert auch der Fedex Day: ein 24-stündiges Format ohne Unterbrechung, bei dem eine Gruppe aus Fachexperten oder Führungskräften eine Lösung für ein zuvor definiertes Problem erarbeitet. Sie sammeln Ideen, erstellen einen Prototyp oder legen einen Maßnahmenplan fest. Wichtig ist, dass das Team in den 24 Stunden ausschließlich an einem konkreten Thema arbeitet – nur unterbrochen durch die Nachtruhe.

bit.ly/2r7a922

HERVORRAGEND GEEIGNET, UM ...

- ... neue kreative Ideen zu entwickeln
- ... Probleme aktiv im Team zu lösen
- ... einen Prototyp in einem definierten Zeitfenster zu erarbeiten
- ... vom normalen Aufgabenalltag einen Kurzurlaub zu nehmen
- ... produktives Teambuilding zu betreiben

VORBEREITUNG

- Vorbereitungsaufwand: mittel bis hoch
- Komplexität: mittel bis hoch
- didaktischer Anspruch: mittel bis hoch

DURCHFÜHRUNG

- Teilnehmerzahl: ab 8 Personen
- Durchführungsdauer: 2 Arbeitstage (24 Stunden)
- Material: Moderationsmaterial, ggf. Catering

IST GEEIGNET FÜR

WISSEN ★★★☆☆   EINSTELLUNG ★★★★☆   VERHALTEN ★★★★☆

ANWENDUNGSIDEEN

- **Innovations-Fedex-Day als Firmenevent:** Ein Fedex Day für die ganze Firma – das Thema wird vorab festgelegt oder in der ersten Stunde der Veranstaltung definiert. Alternative: Jede Abteilung bearbeitet in den 24 Stunden ihr individuelles Thema. Zum Abschluss des Tages werden die Ergebnisse vorgestellt und vielleicht sogar langfristig weiterentwickelt.

- **Freiwilliger Fedex Day zur Ideenumsetzung:** Kleingruppen haben die Möglichkeit, auf freiwilliger Basis an einem beliebigen, selbst gewählten Thema während eines organisierten Fedex Days zu arbeiten. Nach insgesamt 24 Stunden können sie das erreichte Ergebnis bei einem offiziellen Board einreichen und ggf. in einer nächsten Runde dem Management vorstellen. So bietet die Methode des Fedex Days eine Plattform für die Umsetzung von Optimierungsideen.

- **Zur Wiederaufnahme verlangsamter Projekte:** Ein Fedex Day kann projektbezogen eingesetzt werden, um wieder Energie in ein verlangsamtes oder liegen gebliebenes Projekt zu bringen. Den Mitarbeitern wird so die Möglichkeit gegeben, sich ausschließlich Zeit für das problematische Projekt zu nehmen und innerhalb von 24 Stunden ein Ergebnis zu erreichen. Je nach Größe des Projekts arbeiten entweder das ganze Team oder Kleingruppen zusammen an dem Thema. Das erarbeitete Ergebnis kann ein erster Anstoß für das Wiederaufleben des Projekts sein.

- **Zur Entwicklung eines Prototyps:** Der Fedex Day kann ebenfalls die konkrete Fragestellung beinhalten, innerhalb der 24 Stunden einen ersten Prototyp für ein spezifisches Projekt anzufertigen. Bei neuen Projekten kann das schnell zu ersten Resultaten führen und früh eventuelle Umsetzungsschwierigkeiten aufdecken. Nach dem Fedex Day kann im normalen Tagesgeschäft auf die Ergebnisse der Veranstaltung aufgebaut werden.

P05 – PEER PROGRAMMING

BESCHREIBUNG DER METHODE

Peer Programming ist eine Methode aus dem IT-Bereich, bei der zwei Personen zusammen ein Projekt bearbeiten, ohne einzelne Aufgaben untereinander aufzuteilen. Wenn zum Beispiel an einem PC gearbeitet wird, übernimmt eine Person die Steuerung, also Maus und Tastatur, die andere Person fungiert als Navigator und behält den ganzheitlichen Überblick. Beim Peer Programming ist es besonders wichtig, durchgehend miteinander zu kommunizieren, Vorschläge zu machen und das eigene Tun zu beschreiben. Die Rollen sollten regelmäßig gewechselt werden. Peer Programming folgt dem Ansatz, dass zwei Köpfe, die gemeinsam an einer Aufgabe arbeiten, ein besseres Ergebnis erzielen als eine Person alleine.

bit.ly/2FEEyif

HERVORRAGEND GEEIGNET, UM …

- … gemeinsam eine komplexe Aufgabe zu bearbeiten
- … die Qualität zu steigern
- … in partnerschaftliches Arbeiten einzuführen
- … verschiedene Perspektiven kennenzulernen

VORBEREITUNG

- Vorbereitungsaufwand: gering bis mittel
- Komplexität: mittel bis hoch
- didaktischer Anspruch: mittel bis hoch

DURCHFÜHRUNG

- Teilnehmerzahl: 2 Personen
- Durchführungsdauer: abhängig vom Projekt
- Material: Arbeitsmaterial der zu bearbeitenden Aufgabe

IST GEEIGNET FÜR

WISSEN ★★★☆☆   EINSTELLUNG ★★★☆☆   VERHALTEN ★★★★☆

ANWENDUNGSIDEEN

- **Erstellung von Dokumenten und Präsentationen:** Peer Programming kann die Teilnehmer bei der Erstellung von Dokumenten und Präsentationen unterstützen. Während der Steuernde dokumentiert, behält der Navigator das große Ganze und den roten Faden im Blick. Auf diese Weise profitieren die Teilnehmer voneinander und lernen, ihre Kenntnisse und Fähigkeiten bestmöglich zu kombinieren.

- **Test- und Bewertungsverfahren:** Unter Anwendung der Peer-Programming-Methode können bei einem Produkttest sowohl die Funktionalität als auch die Außenwirkung eines Produkts unter die Lupe genommen werden. Der Steuernde und der Navigator konzentrieren sich während des Tests auf verschiedene Aspekte und Kriterien. Durch die Kombination zweier Perspektiven liefert das Testverfahren so relevante und umfassende Ergebnisse.

- **Optimierung eines bestehenden Arbeitsablaufes:** Die Methode kann helfen, Tätigkeiten, die sich inhaltlich oder prozesstechnisch wiederholen, effizienter und effektiver zu gestalten. Hierzu wird der Prozess unter Anwendung des Peer Programming – mit einem Steuerer und einem Navigator – durchlaufen, um mögliche Shortcuts und Best Practices aus beiden Perspektiven der Peers zu identifizieren.

P06 – SHADOWING

BESCHREIBUNG DER METHODE

Unter Shadowing versteht man die mehrstündige oder mehrtägige Begleitung einer Person, meist durch einen Coach. Der Coach hält sich dabei im Hintergrund und beobachtet das Verhalten des Teilnehmers im natürlichen Kontext. Bei interaktionsbezogenen Aufgaben ist dies besonders sinnvoll. Im Anschluss kann der Coach seine Beobachtungen zur Tätigkeitsausführung schildern und konkretes Feedback geben.

bit.ly/2FE6cMh

HERVORRAGEND GEEIGNET, UM ...

- ... verhaltensbezogenes, direktes Feedback zu ermöglichen
- ... das eigene Verhalten zu optimieren
- ... eine erste Lernerfahrung durch Beobachtung zu sammeln

VORBEREITUNG

- Vorbereitungsaufwand: gering bis mittel
- Komplexität: mittel bis hoch
- didaktischer Anspruch: mittel bis hoch

DURCHFÜHRUNG

- Teilnehmerzahl: 2 Personen
- Durchführungsdauer: 2–8 Stunden
- Material: ggf. Material zur Dokumentation

IST GEEIGNET FÜR

WISSEN ★★★★☆   EINSTELLUNG ★★☆☆☆   VERHALTEN ★★★★★

ANWENDUNGSIDEEN

- **Zum Kennenlernen einer unbekannten Tätigkeit:** Das Job Shadowing ist eine spezifische Form des Shadowing, bei dem ein interessierter Mitarbeiter eine Schlüsselperson begleitet, um einen Einblick in einen anderen Tätigkeitsbereich zu bekommen. Hier geht es primär darum, aus der Beobachtung zu lernen – und nicht um das Feedback an die tätigkeitsausführende Person.

- **In Kunden- und Verkaufsgesprächen:** Shadowing kann während eines Kunden- oder Verkaufsgespräches die Möglichkeit bieten, das eigene Verkaufsverhalten zu analysieren und zu verbessern. Die Kundenbeziehung, das Verhalten sowie die verbale und non-verbale Kommunikation des Gespräches können im Anschluss zusammen mit dem Coach evaluiert und entsprechende Maßnahmen abgeleitet werden.

- **Als Bewertungsinstrument:** Wird das Shadowing zu ausgewählten Zeitpunkten (z. B. bei der Ausführung bestimmter Aufgaben oder Gesprächssituationen) durchgeführt, kann es als Grundlage für ein Feedbackgespräch oder eine Bewertung genutzt werden. Die Bewertung kann sich sowohl auf die Performance des Mitarbeiters als auch auf die bestehenden Prozesse beziehen.

- **Bei der Einarbeitung:** Während einer Einarbeitungsphase kann Shadowing in zweifacher Form stattfinden. Zum einen kann direktes Feedback des Coaches den Lernprozess neuer Mitarbeiter beschleunigen. Zum anderen können neue Mitarbeiter durch Beobachtung eines Experten wertvolle Praxiserfahrungen sammeln.

P07 – HACKATHON

BESCHREIBUNG DER METHODE

Ein Hackathon ist ein Event aus dem Bereich der Programmierung und Softwarearbeit. Teilnehmer aus verschiedenen Tätigkeitsfeldern der IT-Branche arbeiten in Kleingruppen von ca. 2 bis 5 Personen meist interdisziplinär an einer bestimmten technologischen Problemstellung. Am Ende der Veranstaltung werden die Ergebnisse der Gruppen vorgestellt und je nach Event sogar durch eine Jury bewertet. Die Dauer eines Hackathons variiert von einigen Stunden bis hin zu mehreren Tagen und wird oft mit zusätzlichen Vorträgen und Workshops kombiniert. Es gibt sowohl themenbezogene Hackathons als auch Hackathons mit freier Themenwahl.

bit.ly/2r3uOUm

HERVORRAGEND GEEIGNET, UM ...

- ... Probleme innovativ zu lösen
- ... neue Ideen zu testen und umzusetzen
- ... sich über neue Methoden und Arbeitsweisen auszutauschen
- ... ein branchenweites Netzwerktreffen zu veranstalten

VORBEREITUNG

- Vorbereitungsaufwand: mittel bis hoch
- Komplexität: mittel bis hoch
- didaktischer Anspruch: mittel bis hoch

DURCHFÜHRUNG

- Teilnehmerzahl: ca. 10–500 Personen
- Durchführungsdauer: 8–48 Stunden
- Materialien: Arbeitsstationen, Computeranschlüsse, Beamer, WLAN, Catering

IST GEEIGNET FÜR

WISSEN ★★★☆☆   **EINSTELLUNG** ★★★★☆   **VERHALTEN** ★★★☆☆

ANWENDUNGSIDEEN

- **Interner Innovationswettbewerb:** Der Hackathon kann intern für die eigenen Mitarbeiter angeboten werden, um interne Innovationen zu fördern. So können verschiedene Arbeitsgruppen neue Lösungs- und Weiterentwicklungsideen zur Verbesserung des Unternehmens entwickeln und vorstellen. Um die Identifikation mit dem Unternehmen und die Motivation in der Ausarbeitung zu fördern, sollten die besten Ideen gekürt und wenn möglich tatsächlich getestet und eingeführt werden.

- **Als Marketingveranstaltung zur Gewinnung von Kunden und Bewerbern:** Ein Hackathon kann durch den Zusammenschluss mehrerer Firmen als Marketingveranstaltung durchgeführt werden. Die Arbeitsaufgabe und ein möglicher Preis ziehen verschiedene Teilnehmer der Branche an, die sich während der Veranstaltung zusätzlich die Marketingstände der ausführenden Firmen ansehen können. So können die teilnehmenden Firmen sich als Arbeitgeber präsentieren und ihre Dienstleistung und Produkte ausstellen, um zukünftige Kunden und Bewerber zu gewinnen.

- **Durchführung eines Netzwerkevents:** Führt ein Unternehmen einen Hackathon mit externen Teilnehmern durch, können sich verschiedene Fachexperten aus der Branche vernetzen und schon während der Veranstaltung voneinander lernen. Wenn zusätzlich ein firmenrelevantes Thema festgesetzt wird, kann die Durchführung des Hackathons viele neue Ideen generieren. Zusätzlich bietet das Event die Möglichkeit, sich als Firma und Arbeitgeber zu präsentieren und somit künftige Bewerber oder Kunden zu gewinnen.

- **Neue Ideen auf ihre Umsetzbarkeit prüfen:** Ein Hackathon kann nicht nur zur Ideengewinnung, sondern auch zur Ideentestung und -umsetzung durchgeführt werden. Wenn eine neue Idee oder eine bestimmte Ausrichtung angestrebt wird, kann diese während des Hackathons vorgegeben werden. So kann unter dem Motto „fail fast" die Umsetzung in Kleingruppen getestet werden, um schnelle Erkenntnisse zu erlangen.

P08 – WORKSHOP

BESCHREIBUNG DER METHODE

In einem Workshop erarbeitet eine Gruppe von ca. 8 bis 12 Teilnehmern gemeinsam eine Lösung zu einer Problem- oder Fragestellung. Ein Moderator leitet sie dabei. Die Methode zeichnet sich durch einen hohen Anteil praktischer Phasen, Diskussionen und Übungen aus. Einen Workshop verlassen die Teilnehmer im Idealfall mit vielen neuen Ideen und Lösungsansätzen, die sie selbst erarbeitet haben.

bit.ly/2TJAzDQ

HERVORRAGEND GEEIGNET, UM ...

- ... gemeinschaftlich Ideen zu sammeln
- ... die Teamentwicklung voranzutreiben
- ... die Lösungsfindung zu diskutieren
- ... gemeinsame Ziele zu formulieren

VORBEREITUNG

- Vorbereitungsaufwand: hoch
- Komplexität: hoch
- didaktischer Anspruch: hoch

DURCHFÜHRUNG

- Teilnehmerzahl: ca. 8–12 Personen
- Durchführungsdauer: 1–3 Tage
- Material: Flipcharts, Pinnwände, Moderationskarten, zusätzliche Templates

IST GEEIGNET FÜR

WISSEN ★★★★★   EINSTELLUNG ★★★★☆   VERHALTEN ★★★★☆

ANWENDUNGSIDEEN

- **Workshop zur gemeinsamen Zielentwicklung:** Unter Anleitung des Moderators wird gemeinsam der aktuelle Stand des Teams definiert. Anschließend werden gemeinsam Ziele und Unterziele definiert und konkrete nächste Schritte erarbeitet. Die einzelnen Phasen des Workshops kombinieren unterschiedliche praktische Übungen und Kleingruppenarbeiten.

- **Innovationsworkshop:** Bei einem Workshop zur Weiterentwicklung und Ideenfindung dient eine zentrale Fragestellung als Ausgangspunkt für die Zusammenarbeit. Ausgehend von dieser Frage und unter Anwendung von Kreativitätstechniken werden gemeinsam Ideen gesammelt und anschließend konkretisiert.

- **Als Teambuilding:** Ein Teambuilding-Workshop trainiert wichtige Aspekte der erfolgreichen Teamarbeit, wie beispielsweise Vertrauen und gegenseitige Unterstützung. Außerdem verdeutlicht der Workshop durch den Einsatz praktischer Übungen die Wichtigkeit von Kommunikation, Rollen und Abstimmung in der Zusammenarbeit.

- **Moderierte Problemlösung:** Der Moderator des Workshops leitet zunächst durch Fragestellungen den Prozess der gemeinsamen Problemdefinition an. Nachdem das Problem klar umschrieben ist, sammeln und überprüfen die Teilnehmer geeignete Methoden und Maßnahmen zur Lösung. Der Moderator hält alle Ergebnisse und Ideen des Workshops fest und animiert die Teilnehmer zu kreativen und lösungsorientierten Beiträgen.

P09 – COACHING

BESCHREIBUNG DER METHODE

Coaching ist eine prozessorientierte und ergebnisoffene Form der professionellen Begleitung eines Klienten durch einen Coach. Dabei ist der Coachingprozess auf die individuellen Bedürfnisse des Klienten abgestimmt und fördert die Selbstreflexion. Im besten Fall lernt der Klient so, die eigenen Probleme, Einstellungen und Verhaltensweisen selbstgesteuert zu verändern. Coaching kann beispielsweise zur Problemlösung oder Steigerung der Leistungsfähigkeit von Führungs- und Steuerungskräften in Unternehmen eingesetzt werden.

bit.ly/2FltkZV

HERVORRAGEND GEEIGNET, UM …

- … bei Konflikten zu intervenieren
- … die Leistung zu steigern
- … sich individuell weiterzuentwickeln
- … die interkulturelle Zusammenarbeit zu fördern

VORBEREITUNG

- Vorbereitungsaufwand: gering
- Komplexität: hoch
- didaktischer Anspruch: hoch

DURCHFÜHRUNG

- Teilnehmerzahl: ca. 1–12 Personen
- Durchführungsdauer: wenige Stunden bis mehrere Wochen
- Material: Materialien zur Dokumentation, Flipcharts, Pinnwände, Moderationskarten

IST GEEIGNET FÜR

| WISSEN | ★★★☆☆ | EINSTELLUNG | ★★★★★ | VERHALTEN | ★★★★☆ |

ANWENDUNGSIDEEN

- **Vorgesetztencoaching zur beruflichen Weiterentwicklung:** Ein Coaching zu berufsrelevanten Themen kann auch durch den Vorgesetzten durchgeführt werden. Dabei können die Stärken und Entwicklungsfelder der Mitarbeiter thematisiert und deren Probleme unterstützend besprochen werden. Der Vorgesetzte sollte hierzu über erste Coaching-Erfahrungen verfügen und eine tragfähige Beziehung zu den Mitarbeitern gestalten können.

- **Einzelcoaching zur individuellen Leistungssteigerung:** Ein Einzelcoaching kann einen vertraulich-persönlichen Rahmen schaffen, in dem der Klient zur Selbstreflexion angeleitet wird, um nächste Entwicklungsschritte zu definieren. Dieser Prozess kann sowohl durch einen internen Coach, einen externen Coach oder einen coachenden Vorgesetzten durchgeführt werden.

- **Begleitung von Gruppenprozessen:** Bei einer Gruppengröße von ca. 6–12 Personen können gruppenrelevante Themen in Zusammenarbeit mit einem Coach bearbeitet werden. Der Coach unterstützt hierbei den Prozess der Zusammenarbeit der Teilnehmer und fördert einen konstruktiven Umgang mit den verschiedenen Sichtweisen und Ansichten. So kann zum Beispiel die Interaktion der Gruppenmitglieder untereinander verbessert werden.

- **Zur Optimierung interkultureller Zusammenarbeit:** Ein Gruppencoaching einer interkulturellen Arbeitsgruppe kann sich mit den unterschiedlichen Kulturen der Zusammenarbeitenden befassen, Unterschiede aufdecken und das Verständnis der eigenen kulturellen Verhaltensweisen schärfen. Unter Anleitung eines Coaches kann sich das Team auf eine angemessene und produktive Form der Zusammenarbeit und Kommunikation einigen.

P10 – TRAINING

BESCHREIBUNG DER METHODE

Trainings sind eine klassische Methode zur Personalentwicklung: Unter Anleitung eines Trainers erhält eine Gruppe von Teilnehmern Wissen zu einem bestimmten Thema und trainiert neu erworbene Fähigkeiten und Verhaltensweisen. Die ausgewählten Inhalte werden thematisch eingeleitet, ausprobiert und in Zusammenarbeit eingeübt und verbessert. Nach der edutrainment-Methode sollte ein Training die drei Bestandteile Education (Vermittlung von Fachwissen), Training (Übungssequenzen) und Entertainment (Spaß und Unterhaltung) beinhalten, um den höchstmöglichen Lerneffekt zu garantieren.

bit.ly/2By8gBm

HERVORRAGEND GEEIGNET, UM ...

- ... Wissen zu vertiefen und anzuwenden
- ... die Kommunikationsfähigkeit zu verbessern
- ... neue Fähigkeiten und Methoden zu erlernen
- ... auf ein bevorstehendes Ereignis vorzubereiten

VORBEREITUNG

- Vorbereitungsaufwand: hoch
- Komplexität: hoch
- didaktischer Anspruch: hoch

DURCHFÜHRUNG

- Teilnehmerzahl: ca. 8–12 Personen
- Durchführungsdauer: 1–3 Tage
- Material: Moderationskoffer, Flipcharts, Pinnwände, weitere Templates

IST GEEIGNET FÜR

WISSEN ★★★★★   EINSTELLUNG ★★★★☆   VERHALTEN ★★★★★

ANWENDUNGSIDEEN

- **Verbesserung von Soft Skills:** Bei einem Training können die Teilnehmer ihre Soft Skills – z. B. Kommunikationsfähigkeit, Präsentationsfähigkeit, Konfliktbehandlung oder Führungskompetenz – erproben und verbessern. Bei dieser Art des Trainings können Persönlichkeits- und Verhaltenstests eingesetzt werden, um die Teilnehmer zur Selbstreflexion anzuregen. Rollenspiele und andere Formen der Gruppenarbeit werden eingesetzt, um Verhaltensmuster zu üben und Feedback zu erhalten.

- **Kreativitäts- und Innovationsförderung:** Ein Training kann durch den Einsatz verschiedener Kreativitätsübungen, wie beispielsweise der Walt-Disney-Methode oder dem World Café, kreative Prozesse anregen und so zu innovativen, neuen Lösungsideen führen. Die gelernten Methoden und erarbeiteten Ideen können anschließend im Arbeitsalltag genutzt werden.

- **Change Management:** Bei Change-Prozessen sind Trainings ein wichtiger Grundpfeiler, um Veränderungen im Unternehmen zu etablieren. Neue Abläufe und Schnittstellen – aber auch ein verändertes Werteverständnis oder Abteilungsprofil – werden dann nicht nur vorgestellt, sondern es wird direkt geübt, wie die Veränderungen im Arbeitsalltag umgesetzt werden können.

- **Anwendung neuer Software, Arbeitstools oder Programme:** Bei dem Einsatz eines neuen Arbeitstools, einer neuen Software oder eines neuen Programms kann ein Training mit ausgewählten Übungen zur Anwendung die Einführung erleichtern. So kann zum Beispiel der Einsatz eines iPads bei Kundengesprächen trainiert werden. Das Training muss in diesem Fall verhaltensnahe Übungen zur Anwendung des Tools oder Programms enthalten, um die Nutzung praktisch zu üben und den Transfer zu erleichtern.

P11 – CONSULTING

BESCHREIBUNG DER METHODE

Consulting bezeichnet die Begleitung und Beratung eines Klienten durch einen meist unabhängigen und externen Experten. In Abgrenzung zu anderen begleitenden Methoden gibt der Berater direkte Handlungsempfehlungen, um bestimmte Probleme zu lösen oder Prozesse zu optimieren. Consulting zeichnet sich durch eine Bestandsaufnahme mit anschließender Lösungsentwicklung und lösungsorientierten Vorschlägen durch den Berater aus. Zum Teil wird der Beratungsprozess bis zur tatsächlichen Umsetzung oder Einführung eines bestimmten Lösungsvorschlages fortgeführt.

bit.ly/2QpbFKS

HERVORRAGEND GEEIGNET, UM ...

- ... interne Prozesse zu überarbeiten
- ... externen und unabhängigen Input zu erhalten
- ... Entwicklungspotenzial zu erkennen
- ... Vergleichs- und Referenzwerte einzuholen

VORBEREITUNG

- Vorbereitungsaufwand: gering
- Komplexität: hoch
- didaktischer Anspruch: hoch

DURCHFÜHRUNG

- Teilnehmerzahl: ab 1 Person
- Durchführungsdauer: wenige Stunden bis mehrere Wochen
- Material: fallbezogenes Material, Beamer, PowerPoint

IST GEEIGNET FÜR

WISSEN ★★★☆　　EINSTELLUNG ★★★☆☆　　VERHALTEN ★★★☆☆

ANWENDUNGSIDEEN

- **Bewertung bestehender Methoden und Prozesse:** Ein externer und unabhängiger Consultant kann einen neutralen Blick auf die bestehenden Methoden und Prozesse werfen und mit verfügbaren Benchmarks anderer Firmen vergleichen. Das Feedback kann Entwicklungsfelder und Handlungsmöglichkeiten aufwerfen, die sonst ggf. nicht entdeckt worden wären.

- **Unterstützung während der Entscheidungsfindung:** Der Consultant kann Firmen beim Abwägen schwieriger Optionen und beim Treffen strategischer Entscheidungen unterstützen. Durch zusätzliche Analysen und durch sein Fachwissen kann ein Consultant für mehr Sicherheit im Entscheidungsprozess sorgen.

- **Durchführung von Änderungsprozessen:** Änderungsprozesse stellen oft hohe emotionale Anforderungen – ein externer Consultant kann die nötige Neutralität eher bewahren als involvierte Personen. Bei der Umsetzung der Änderungen kann er zusätzlich Tipps und Ideen einbringen. Der Expertenstatus des Consultants kann in unsicheren Änderungsprozessen zusätzlich für Akzeptanz und Sicherheit sorgen.

P12 – KONFERENZ

BESCHREIBUNG DER METHODE

Eine Konferenz ist ein Zusammentreffen mehrerer Personen – meist Experten eines bestimmten Fachgebiets – zum fachlichen Informationsaustausch über ein zuvor bestimmtes Thema. Zum Teil finden Konferenzen auch statt, um in Anwesenheit aller Verantwortlichen Entscheidungen zu einem Thema zu fällen. Zusätzlich ist die Kombination mit Vorträgen und Netzwerkveranstaltungen möglich.

bit.ly/2PV1uhH

HERVORRAGEND GEEIGNET, UM ...

- ... Experten ein Diskussionsforum zu bieten
- ... das Networking von Experten eines Fachgebiets zu unterstützen
- ... gemeinschaftlich einen Konsens zu finden
- ... den Wissenserwerb und -austausch zu fördern

VORBEREITUNG

- Vorbereitungsaufwand: hoch
- Komplexität: hoch
- didaktischer Anspruch: hoch

DURCHFÜHRUNG

- Teilnehmerzahl: ab 12 Personen
- Durchführungsdauer: 2 Stunden bis mehrere Tage
- Material: Beamer, Podium, zusätzliches fachliches Material

IST GEEIGNET FÜR

WISSEN ★★★★☆ **EINSTELLUNG** ★★★☆☆ **VERHALTEN** ★★☆☆☆

ANWENDUNGSIDEEN

- **Wissensaustausch und Update unter Experten:** Eine Konferenz kann im kleinen und großen Rahmen verschiedene Experten zum Austausch über neueste und mögliche zukünftige Entwicklungen der Branche zusammenführen. Einzelne Teilnehmer können Vorträge über Beispielfälle halten und Diskussionsrunden zu aktuellen Fragestellungen leiten.

- **Netzwerkveranstaltung mit Inputsessions:** Eine branchenweite, offene Konferenz kann den Fokus auf das gegenseitige Kennenlernen der teilnehmenden Experten legen. Hierzu sollten genügend Möglichkeiten zur informellen Gesprächsführung geschaffen werden. Dies kann zum Beispiel durch gemeinsame Abendessen und Pausen sowie eine heterogene Gruppenzusammenstellung gefördert werden. Auch Diskussionsrunden im Anschluss an kurze Inputs bieten den Teilnehmern die Möglichkeit, Kontakte zu knüpfen.

- **Als Vertriebsevent:** Wenn man eine Konferenz als Inputgeber besucht, bietet diese exponierte Stellung Raum zur Vermarktung der eigenen Person und des Konzeptes. Unter Angabe der Kontaktdaten können so neue Kunden und Geschäftspartner gewonnen werden.

- **Entscheidungsfindung unter Einbezug aller Beteiligten:** Bei einer Konferenz im kleinen Rahmen können alle Entscheidungsträger ihre Meinung zu einer Fragestellung kurz darlegen, um im Anschluss (gemeinsam) eine Entscheidung zu finden. Dies kann zum Beispiel durch eine angeleitete Abstimmung erfolgen.

P13 – BARCAMP

BESCHREIBUNG DER METHODE

Ein Barcamp ist eine Veranstaltung, bei der die Teilnehmer das Programm und den Ablauf selbst festlegen und durchführen. Dazu gibt es zu Beginn des Barcamps eine moderierte Phase: Jeder Teilnehmer stellt Vorträge, Wokshops und Diskussionen vor, die bei Interesse der anderen Teilnehmer dann ad hoc in den Ablaufplan eingeplant werden. Im Unterschied zu klassischen Konferenzen, bei denen es Redner und Zuhörer gibt, kann hier jeder etwas beitragen. Barcamps werden daher auch „Unkonferenzen" genannt.

bit.ly/2KzXzkG

HERVORRAGEND GEEIGNET, UM …

- … eigene Erfahrungen, Ideen und Fragen zu teilen
- … sich zu Interessenthemen auszutauschen
- … aktuelle Fragestellungen zu diskutieren
- … Lernen selbstverantwortlich zu gestalten
- … Kontakte zu knüpfen

VORBEREITUNG

- Vorbereitungsaufwand: mittel
- Komplexität: hoch
- didaktischer Anspruch: mittel

DURCHFÜHRUNG

- Teilnehmerzahl: ab 12 Personen
- Durchführungsdauer: 1–2 Tage
- Material: Moderationsmaterial, Flipcharts, Pinnwände

IST GEEIGNET FÜR

WISSEN ★★★☆ **EINSTELLUNG** ★★☆☆ **VERHALTEN** ★★★☆☆

ANWENDUNGSIDEEN

- **Fachübergreifende Diskussionsrunde:** Ein Barcamp vereint unterschiedliche Teilnehmer und animiert sie zur aktiven Teilnahme und Mitgestaltung der Veranstaltung. Wenn Teilnehmer aus unterschiedlichen Branchen und mit diversen fachlichen Hintergründen zusammenkommen, ermöglicht dies angeregte Diskussionsrunden und stimuliert den fachübergreifenden Informationsaustausch.

- **Selbst gesteuerter Austausch unter Experten:** Bei einem Barcamp mit einem übergeordneten Thema kann eine Zielgruppe aus Experten selbst bestimmen, wie sie sich diesem Thema nähern wollen. So kann vermieden werden, dass Themen und Vorträge gehalten werden, die bereits bekannt oder uninteressant sind. Stattdessen können für die Zielgruppe interessante neue Erkenntnisse und nachvollziehbare Erfahrungen aus erster Hand geteilt werden.

- **Aktive Netzwerkveranstaltung:** Ein Barcamp ermöglicht den Teilnehmern, ihr eigenes Interessen- und Fachgebiet vorzustellen und darüber ins Gespräch zu kommen. Da in diesem Fall Vortragende gleichzeitig Teilnehmer sind, können Fragen und Diskussionspunkte direkt besprochen werden. So wird der Austausch untereinander gefördert und Netzwerke können gebildet werden. Dies gilt sowohl fachübergreifend als auch für ein bestimmtes Themengebiet.

P14 – MENTORING

BESCHREIBUNG DER METHODE

Mentoring bezeichnet den Wissens- und Erfahrungsaustausch zwischen einem Mentor und einem Lerner. Der Mentor ist eine Person mit Facherfahrung auf einem bestimmten Gebiet, der sein Wissen, seine Erfahrung und ggf. seine Kontakte teilt, um so die Entwicklung des Lerners zu unterstützen. Anders als ein Coach ist ein Mentor nicht eigens für diese Tätigkeit ausgebildet oder zertifiziert, sondern qualifiziert sich durch seine Leistung und Erfahrung. Mentoring wird in Unternehmen meist zur beruflichen Entwicklung von Trainees oder Auszubildenden eingesetzt.

bit.ly/2RdOaSh

HERVORRAGEND GEEIGNET, UM …

- … das Onboarding zu erleichtern
- … ein Training on the Job zu ermöglichen
- … Erfahrungswissen im Unternehmen zu halten
- … das Teambuilding von Teams mit jungen und erfahrenen Mitarbeitern zu unterstützen

VORBEREITUNG

- Vorbereitungsaufwand: mittel
- Komplexität: mittel
- didaktischer Anspruch: mittel

DURCHFÜHRUNG

- Teilnehmerzahl: 2 Personen
- Durchführungsdauer: 0,5–2 Stunden (regelmäßig)
- Material: ggf. Material zur Dokumentation

IST GEEIGNET FÜR

WISSEN ★★☆☆☆   **EINSTELLUNG** ★★★★☆   **VERHALTEN** ★★★★☆

ANWENDUNGSIDEEN

- **Unterstützung junger Führungskräfte:** Ein Mentorenprogramm kann Teil eines Entwicklungsprogramms für Führungskräfte sein. Junge Führungskräfte werden durch erfahrene Führungskräfte unterstützt. So haben die Lerner die Möglichkeit, die Herausforderungen zu besprechen und direktes Feedback von ihrem Mentor zu bekommen. Außerdem hat der Lerner einen Ansprechpartner bei Fragen oder Unsicherheiten.

- **Bestandteil des Onboardings:** Bei der Einarbeitung eines neuen Mitarbeiters kann ein Mentor die Orientierung in der Firma erleichtern und bei der Ausführung neuer Tätigkeiten Hilfestellung leisten. Dies kann den Prozess der Einarbeitung und die Integration des neuen Mitarbeiters verbessern. Bestenfalls werden dazu während der ersten Arbeitswochen regelmäßige Treffen festgelegt, um offene Fragen und neue Themen zu besprechen.

- **Hilfestellung für internationale Mitarbeiter:** Die Methode des Mentoring kann auch zur Unterstützung internationaler Mitarbeiter eingesetzt werden. Der Mentor kann in diesem Fall nicht nur fachliche Themen erklären, sondern zusätzlich bei kulturellen Fragen und organisatorischen Problemen Unterstützung anbieten.

- **Wissensaustausch zwischen Generationen:** Durch Mentoring können jüngere und ältere Mitarbeiter vernetzt werden, um ihre Erfahrungen und Ideen untereinander auszutauschen. Fundiertes Fachwissen, aber auch aktuelle Trends und neue Arbeitsweisen können Themen für den Austausch sein. Im besten Fall wechselt die Rollenverteilung – Mentor und Lerner – je nach Themengebiet und beide Seiten profitieren von einer ausgeglichenen Partnerschaft.

P15 – VORTRAG

BESCHREIBUNG DER METHODE

Bei einem Vortrag geht es um das Präsentieren und Erklären eines (wissenschaftlichen) Themas durch einen Vortragenden vor einem Publikum. Dabei können verschiedene Hilfsmittel wie Präsentationen, Grafiken, Zeichnungen oder Videos eingesetzt werden, um das Gesagte zu unterstreichen und zu ergänzen. Der Fokus liegt auf der Vermittlung von (fachlichem) Wissen und Informationen. Ein gelungener Vortrag regt das Publikum zum weiteren Nachdenken an.

bit.ly/2Qhkdnk

HERVORRAGEND GEEIGNET, UM …

- … Überblick über ein bestimmtes Themengebiet zu geben
- … zu weiterem Lernen anzuregen
- … thematisch in ein fachliches Thema einzusteigen
- … wissenschaftliche Informationen zu vermitteln

VORBEREITUNG

- Vorbereitungsaufwand: mittel bis hoch
- Komplexität: mittel bis hoch
- didaktischer Anspruch: mittel

DURCHFÜHRUNG

- Teilnehmerzahl: ab 2 Personen
- Durchführungsdauer: 10 Min.–2 Stunden
- Material: Präsentationsmaterial, ggf. Beamer, Podium

IST GEEIGNET FÜR

WISSEN ★★★☆   EINSTELLUNG ★★☆☆   VERHALTEN ★☆☆☆

ANWENDUNGSIDEEN

- **Präsentation eines Gruppenarbeitsergebnisses:** Zum Abschluss einer praktischen Kleingruppenarbeit zu einem beliebigen Thema bietet sich ein kurzer, strukturierter Vortrag an, um der gesamten Lerngruppe das Erarbeitete vorzustellen. So können die Ergebnisse ressourcenschonend geteilt und anschließend besprochen werden.

- **Zusammenfassung einer Veranstaltung:** Nach einer längeren Veranstaltung, die eine Reihe verschiedener Inhalte thematisiert hat, kann ein Vortrag einen zusammenfassenden Überblick geben. Hier können wichtige Eindrücke und Informationen noch einmal unterstrichen werden, ohne thematisch weiter in die Tiefe zu gehen.

- **Theoretische Einführung oder Vertiefung eines Themas:** Ein Vortrag kann gehalten werden, um einer Zielgruppe, mit oder ohne Vorwissen, Informationen zu einem bestimmten Thema in kurzer Zeit zu vermitteln. Je nach Kenntnisstand des Publikums sollte der Inhalt des Vortrags vorbereitet und durch geeignetes Zusatzmaterial ansprechend aufgearbeitet werden.

P16 – OPEN NETWORK

BESCHREIBUNG DER METHODE

Unter Open Network versteht man ein Netzwerk, das keine Richtlinien oder Einschränkungen bezüglich der Zughörigkeit hat. Bei einem Open-Network-Treffen können demnach Teilnehmer aus gleichen oder unterschiedlichen Funktionen, Branchen und Jobs mitwirken und langfristig in Kontakt bleiben. Ein Moderator kann das Treffen leiten, indem er beispielsweise verschiedene Businessmodelle vorstellt. So können neue Kontakte entstehen und Ansprechpartner gefunden werden. Im Regelfall findet das Open-Network-Treffen nach den üblichen Arbeitszeiten statt. Einer der Teilnehmer übernimmt die organisatorische Verantwortung.

bit.ly/2TK6dkJ

HERVORRAGEND GEEIGNET, UM ...

- ... Kontakte zu knüpfen
- ... mögliche Geschäftspartner ungezwungen kennenzulernen
- ... Wissen und Erfahrungen auszutauschen
- ... aktuelle Trends zu diskutieren
- ... die Zusammenarbeit verschiedener Firmen zu fördern

VORBEREITUNG

- Vorbereitungsaufwand: mittel bis hoch
- Komplexität: gering bis mittel
- didaktischer Anspruch: gering

DURCHFÜHRUNG

- Teilnehmerzahl: ab 5 Personen
- Durchführungsdauer: 1–4 Stunden (regelmäßig)
- Material: ggf. Moderationsmaterial

IST GEEIGNET FÜR

WISSEN ★★★☆☆   **EINSTELLUNG** ★★★★☆   **VERHALTEN** ★★★☆☆

ANWENDUNGSIDEEN

- **Regelmäßiges Event zum informellen Austausch:** Open-Network-Treffen können regelmäßig stattfinden, um einen informellen Austausch nach der Arbeitszeit zu fördern. Es geht in diesem Fall primär darum, in netter Atmosphäre neue Kontakte zu knüpfen und zu pflegen sowie interessante Gespräche zu führen. Eine konkrete Themen- oder Zielfestlegung ist hier nicht notwendig.

- **Abendprogramm einer längeren Veranstaltung:** Für größere Veranstaltungen (wie z. B. Konferenzen oder Messen) ist ein Open-Network-Treffen als Abendprogramm eine passende Ergänzung. Hier können die Teilnehmer mit anderen Besuchern in Kontakt kommen und sich informell austauschen. Das Treffen sollte in diesem Fall außerhalb des eigentlichen Programms stattfinden.

- **Förderung von firmenübergreifender Zusammenarbeit:** Ein Open-Network-Treffen bringt Teilnehmer unterschiedlicher Firmen, mit diversen beruflichen Hintergründen und aus verschiedenen Branchen zusammen und bietet somit eine Plattform zum offenen firmenübergreifenden Austausch. So können Erfahrungen geteilt und Ideen oder Businessmodelle besprochen werden. Dies kann eine mögliche Zusammenarbeit der teilnehmenden Firmen fördern.

P17 – CASE STUDY

BESCHREIBUNG DER METHODE

Eine Case Study, auch Fallstudie genannt, ist eine handlungs- und entscheidungsorientierte Aufgabe. Sie kommt insbesondere in Auswahlverfahren, zum Beispiel für Consultingjobs, zum Einsatz. Hierbei übernimmt der Bewerber die Position eines Entscheidungsträgers, der mit einem bestimmten Problem konfrontiert wird. Durch eine solche Fallstudie wollen die Personaler erfahren, wie lösungsorientiert jemand unter Zeitdruck mit den komplexen Herausforderungen eines realen Unternehmens umgehen kann.

bit.ly/2QgzKDT

HERVORRAGEND GEEIGNET, UM ...

- ... handlungsorientierte Lösungsstrategien zu entwickeln
- ... das Teambulding zu fördern
- ... analytische Fähigkeiten unter Zeitdruck zu trainieren
- ... die Auswahl von Mitarbeitern und das Bewerbungsverfahren zu erleichtern

VORBEREITUNG

- Vorbereitungsaufwand: mittel bis hoch
- Komplexität: hoch
- didaktischer Anspruch: hoch

DURCHFÜHRUNG

- Teilnehmerzahl: 1–12 Personen
- Durchführungsdauer: 1–8 Stunden
- Material: Fallstudie, Papier und Stifte, ggf. PowerPoint, zusätzliches fallbezogenes Material

---

IST GEEIGNET FÜR

WISSEN ★★★☆☆   **EINSTELLUNG** ★★★★☆   **VERHALTEN** ★★★★☆

ANWENDUNGSIDEEN

- **Auswahl- und Bewerbungsverfahren:** Case Studies werden häufig von großen Unternehmen sowie Unternehmensberatungen bei der Bewerberauswahl eingesetzt. Üblicherweise ist dabei ein Problem aus der jeweiligen Branche zu lösen. Die Fallstudie präsentiert sich dem Bewerber häufig in Form von Aufgaben aus den Bereichen Betriebswirtschaft, Finanzen und Marketing. Getestet wird hierbei die Fähigkeit, komplexe Probleme praxisnah zu analysieren und entsprechende Lösungen zu finden.

- **Teambuilding-Maßnahme:** Wenn eine Case Study im Team gelöst wird, kann dies positive Auswirkungen auf den Teamzusammenhalt und die Zusammenarbeit haben. Bei einer Team-Case-Study wird in Kleingruppen von 2–5 Personen gemeinsam entschieden, welche Handlungen und Entscheidungen in einer Situation am geeignetsten sind. Dies führt zu einer ausführlichen Auseinandersetzung mit der Problemstellung und ermöglicht eine Zusammenführung verschiedener Ansätze. Die Teilnehmer können sich gegenseitig in ihrer Arbeitsweise kennenlernen, Stärken erkennen und im Abschluss den gemeinsamen Erfolg feiern.

- **Praxisnaher Trainingsbestandteil:** Durch die Integration einer praktischen Case Study in ein Training zu einem beliebigen Thema kann der lösungsorientierte Einsatz der gelernten Methoden und Inhalte geübt werden. Die Case Study kann je nach Aufgabenstellung sowohl im Team als auch in Einzelarbeit ausgearbeitet werden. Die Ergebnisse sollten im Anschluss diskutiert und reflektiert werden, um einen möglichst hohen Lerneffekt zu garantieren.

P18 – REFLEXION

BESCHREIBUNG DER METHODE

Reflexion bezeichnet die prüfende Betrachtung und Bewertung einer Situation, eines Verhaltens oder einer Emotion der Vergangenheit. Für die Reflexion ist keine bestimmte Methode vorgeschrieben. Durch freies Nachdenken und Überlegen soll der Lerner mögliche Ursachen, Einflussfaktoren und Verbesserungsmöglichkeiten für sein Handeln selbstständig erkennen.

bit.ly/2r3YBwl

HERVORRAGEND GEEIGNET, UM …

- … sich selbst besser kennenzulernen
- … Entwicklungsfelder zu definieren
- … Ursachen zu finden
- … die eigenen Stärken und Schwächen zu evaluieren

VORBEREITUNG

- Vorbereitungsaufwand: gering
- Komplexität: mittel bis hoch
- didaktischer Anspruch: hoch

DURCHFÜHRUNG

- Teilnehmerzahl: ab 1 Person
- Durchführungsdauer: 10 Min.–2 Stunden
- Material: evtl. Dokumentationsmaterial

IST GEEIGNET FÜR

| WISSEN ★★★☆☆ | EINSTELLUNG ★★★★★ | VERHALTEN ★★★★☆ |

ANWENDUNGSIDEEN

- **Reflexion nach einer Perspektivübernahme:** Bei einer Perspektivübernahme versetzt man sich bewusst in die Gefühls- und Erlebnislage einer anderen Person. Dies sensibilisiert und fördert ein besseres Verständnis des Gegenübers. Als Teil dieses Rollentauschs ist es wichtig, sich Zeit für die prüfende Betrachtung der Gefühls- und Erlebniswelt des Gegenübers zu nehmen. Bei Bedarf können die Erfahrungen mit dem Gegenüber geteilt und besprochen werden.

- **Als Teil des Feedbackprozesses:** Unabhängig von der Gruppengröße kann ein Feedbackprozess durch eine Reflexion eingeleitet werden. Die Anwesenden teilen ihr Empfinden und ihre Eindrücke miteinander. So wird Verständnis für das Handeln und die Sichtweise der anderen geweckt und eine gute Basis für das gegenseitige Feedback geschaffen. Dies kann die Akzeptanz und das Wohlbefinden während einer Feedbackrunde deutlich steigern.

- **Selbstreflexion:** In Einzelarbeit kann man eine Selbstreflexion nutzen, um das eigene Empfinden und Verhalten in vergangenen Situationen zu betrachten und zu bewerten. Auf diese Weise erfährt der Lerner mehr über eigene Stärken oder Schwächen und kann seine persönlichen Entwicklungsfelder definieren. Die Selbstreflexion ist ein wichtiges Instrument, um Kommunikation und Führungsverhalten zu verbessern.

- **Gruppenreflexion nach gemeinsam erlebten Situationen:** Nach einer Situation, an der mehrere Personen beteiligt waren, kann eine Gruppenreflexion zur Auswertung eingesetzt werden. Hierbei sollte jedem Einzelnen Zeit zur Betrachtung und Bewertung gegeben werden. Anschließend können in großer Runde die verschiedenen Ansichten besprochen, die Zusammenarbeit in der Gruppe gemeinsam reflektiert sowie Verbesserungsmaßnahmen für die Zukunft festgehalten werden. Die Gruppendynamik und das Zusammenspiel der Beteiligten stehen bei einer Gruppenreflexion im Fokus.

P19 – NETZWERKTREFFEN

BESCHREIBUNG DER METHODE

Bei einem Netzwerktreffen kommen verschiedene Personen mit dem Ziel zusammen, sich zu einem bestimmten Thema auszutauschen. Zum Beispiel zu einem gemeinsamen Interesse oder einer spezifischen Fachrichtung. Nach Möglichkeit wird ein längerfristiger Kontakt aufgebaut. Teilweise finden Netzwerktreffen auch ohne Themenorientierung statt und dienen allein dem sozialen und kommunikativen Austausch. Netzwerktreffen sind sowohl im Rahmen eines persönlichen Treffens als auch online auf einer entsprechenden Plattform möglich.

bit.ly/2P157gR

HERVORRAGEND GEEIGNET, UM ...

- ... neue Personen und Sichtweisen kennenzulernen
- ... die eigene Firma zu präsentieren
- ... neue Kontakte zu knüpfen
- ... gemeinsam zu diskutieren und Fragen zu klären

VORBEREITUNG

- Vorbereitungsaufwand: mittel bis hoch
- Komplexität: gering bis mittel
- didaktischer Anspruch: gering

DURCHFÜHRUNG

- Teilnehmerzahl: ab 5 Personen
- Durchführungsdauer: 4–8 Stunden
- Material: ggf. Moderationsmaterial

IST GEEIGNET FÜR

WISSEN ★★★☆☆   EINSTELLUNG ★★★★☆   VERHALTEN ★★★☆☆

ANWENDUNGSIDEEN

- **Zusammentreffen verschiedener Fachvertreter:** Ein Netzwerktreffen mit einer bestimmten fachlichen Themenorientierung bringt verschiedene Experten und Fachvertreter zusammen, um sich zu einem bestimmten Thema auszutauschen. So bietet das Netzwerktreffen einen Rahmen für spezifische Fachdiskussionen, die Erörterung von Trends sowie die Pflege von beruflichen Kontakten.

- **Begleitung von strategischen Themen:** Netzwerktreffen bieten eine gute Möglichkeit, Vertreter verschiedener Abteilungen oder Standorte regelmäßig zu versammeln. Das ist besonders bei Themen, die das gesamte Unternehmen betreffen, ein wichtiges strategisches Instrument. Das Netzwerk ist eine Quelle für Input und Feedback aus den verschiedenen Unternehmensteilen.

- **Weiterführender Austausch zwischen Teilnehmern eines Trainings:** Ein Netzwerktreffen nach einem Training oder als Teil eines längeren Trainingsprogramms bietet die Möglichkeit, die Teilnehmer untereinander zu vernetzen und den Austausch über gelernte Inhalte zu unterstützen. Im Rahmen des Netzwerktreffens können so beispielsweise Erfahrungen in der Anwendung verschiedener Methoden geteilt und offene Fragen geklärt werden.

P20 – STUDY TOUR

BESCHREIBUNG DER METHODE

Eine Study Tour ist eine Reise mit dem Ziel, etwas zu lernen oder zu erforschen. Wichtig ist, dass sich die Lernumgebung ändert. Meist führen Study Tours sogar ins Ausland und beinhalten somit zusätzlich eine kulturelle und eine sprachliche Komponente. Study Tours können auch im beruflichen Kontext eingesetzt werden, um andere Standorte, Arbeitsweisen oder Forschungsergebnisse kennenzulernen und im Anschluss in den eigenen Arbeitsalltag zu integrieren.

bit.ly/2zAJ9N5

HERVORRAGEND GEEIGNET, UM …

- … den eigenen Erfahrungsschatz aktiv zu erweitern
- … neue Eindrücke zu sammeln
- … andere Arbeitsweisen kennenzulernen
- … eine Auszeit mit Lerneffekt zu erleben

VORBEREITUNG

- Vorbereitungsaufwand: hoch
- Komplexität: mittel bis hoch
- didaktischer Anspruch: mittel bis hoch

DURCHFÜHRUNG

- Teilnehmerzahl: ab 1 Person
- Durchführungsdauer: mehrere Tage
- Material: ggf. Material zur Dokumentation, Reiseplanung

IST GEEIGNET FÜR

WISSEN ★★★★☆   **EINSTELLUNG** ★★★★☆   **VERHALTEN** ★★★☆☆

ANWENDUNGSIDEEN

- **Besuch internationaler Standorte:** Study Tours können eingesetzt werden, um internationale Standorte zu besuchen und in diesem Zuge die Mitarbeiter vor Ort sowie die örtlichen Gegebenheiten und Arbeitsweisen persönlich kennenzulernen. Dies kann das Verständnis füreinander erhöhen, die Zusammenarbeit verbessern und ist insbesondere sinnvoll, wenn ein gemeinsames zukünftiges Projekt ansteht.

- **Kennenlernen anderer Arbeitsweisen:** Eine Study Tour kann angetreten werden, um eine spezifische neue Arbeitsweise der eigenen oder einer fremden Firma kennenzulernen. Es können beispielsweise Fachpersonen oder Ausführende interviewt und die praktische Umsetzung beobachtet werden. Mit dem räumlichen Abstand zu dem eigenen Arbeitsalltag können so Verbesserungspotenziale leichter identifiziert werden.

- **Sammeln neuer Eindrücke und Ideen:** Da man sich im Rahmen einer Study Tour aus dem eigenen Umfeld hinausbegibt, kann die Methode Innovation sowie neue Ideen fördern und Verbesserungspotenziale aufdecken. Ein beliebtes Ziel ist dafür beispielsweise das Silicon Valley, das viele hochmoderne Produkte, innovative Firmen und neue Arbeitsweisen der IT- und Hightech-Welt hervorgebracht hat.

- **Auszeit mit Lerneffekt:** Eine Study Tour kann angetreten werden, um eine entspannte Lernumgebung fernab des eigenen Arbeitsalltags zu schaffen. In diesem Rahmen können wichtige strategische Entscheidungen besprochen, neue Konzepte ausgearbeitet und interessante Veranstaltungen zur Weiterbildung besucht werden.

P21 – FIREPLACE TALK

BESCHREIBUNG DER METHODE

Der Fireplace Talk, übersetzt Kaminabendgespräch, ist ein informelles Treffen im kleinen Kreis zu einem spezifischen Thema. Der Begriff macht deutlich, dass es sich hierbei um ein Zusammentreffen in persönlicher und gemütlicher Atmosphäre – zum Beispiel vor einem Kamin – handelt, das einen angeregten Dialog ermöglichen soll. Meist wird ein hochkarätiger Gast eingeladen, zum Beispiel eine Führungskraft oder ein Fachexperte.

bit.ly/2BxLz0d

HERVORRAGEND GEEIGNET, UM ...

- ... eine Fragerunde mit einem Fachexperten zu veranstalten
- ... in persönlicher Atmosphäre zu diskutieren
- ... den Austausch unter Mitarbeitern oder Teilnehmern zu fördern
- ... eine produktive Arbeitsphase ausklingen zu lassen

VORBEREITUNG

- Vorbereitungsaufwand: mittel
- Komplexität: gering bis mittel
- didaktischer Anspruch: gering bis mittel

DURCHFÜHRUNG

- Teilnehmerzahl: ca. 5–12 Personen
- Durchführungsdauer: 1–4 Stunden
- Material: ggf. Material zur Dokumentation

IST GEEIGNET FÜR

WISSEN ★★★★☆   EINSTELLUNG ★★★★★   VERHALTEN ★★☆☆☆

ANWENDUNGSIDEEN

- **Diskussions- und Fragerunde mit einem Fachexperten:** Wenn bei einem Fireplace Talk ein Fachexperte für ein aktuell relevantes Thema anwesend ist, können die Teilnehmer in persönlicher Atmosphäre ihre Fragen zu diesem Thema stellen und Diskussionen führen. Ein solcher Fireplace Talk kann zum Beispiel als Projektauftakt für ersten Input sorgen und die Teilnehmer zum Nachdenken anregen.

- **Tiefergehende Auseinandersetzung mit einer komplexen Fragestellung:** Ein Fireplace Talk ermöglicht den offenen Austausch zu einer komplexen Fragestellung. Um erste Ideen und Fragen für das darauffolgende Gespräch aufzuwerfen, kann ein Teilnehmer das Thema zu Beginn kurz einleiten. Anschließend können die Teilnehmer frei diskutieren und nachdenken – und verlassen das Gespräch eventuell mit neuen Ideen und ersten Antworten.

- **Teil eines Führungskräfteentwicklungsprogramms:** Ein Fireplace Talk als Teil eines Führungskräfteentwicklungsprogramms bietet zukünftigen Führungskräften die Möglichkeit, von einer erfahrenen Führungspersönlichkeit zu lernen und Fragen zu den eigenen Herausforderungen oder Unsicherheiten zu klären. Der Fireplace Talk kann hier beispielsweise als Abschluss eines Trainings in das bestehende Programm integriert werden.

- **Gemütliche Abendveranstaltung eines längeren Events:** Der Fireplace Talk eignet sich auch als Abendprogramm bei einer mehrtägigen Veranstaltung. So können die Teilnehmer den produktiven Tag gemütlich und gleichzeitig thematisch inspiriert ausklingen lassen.

P22 – INFOSESSION

BESCHREIBUNG DER METHODE

Unter einer Infosession versteht man einen fachbezogenen, informativen Vortrag oder eine Sitzung, die beispielsweise als Teil einer Konferenz oder einer Diskussionsrunde durchgeführt wird. Eine Infosession beinhaltet neben dem informativen Input meistens auch die Möglichkeit, im Anschluss Fragen zu klären. Bei großen Veranstaltungen finden meist mehrere Sessions gleichzeitig und aufeinanderfolgend statt. Die Teilnehmer entscheiden dann selbst, an welchen Sessions sie teilnehmen wollen. Der Begriff Infosession wird auch häufig im universitären Kontext verwendet, wenn sich Firmen am Campus vorstellen und über die Arbeitswelt informieren wollen.

bit.ly/2RgMJTa

HERVORRAGEND GEEIGNET, UM …

- … informativen Input zu einem Fachthema zu liefern
- … eine Person oder eine Firma vorzustellen
- … Input für eine Konferenz zu geben
- … eine weiterführende Diskussion einzuleiten

VORBEREITUNG

- Vorbereitungsaufwand: mittel
- Komplexität: mittel
- didaktischer Anspruch: gering bis mittel

DURCHFÜHRUNG

- Teilnehmerzahl: ab 5 Personen
- Durchführungsdauer: 1–3 Stunden
- Material: Präsentationsmaterial, ggf. Beamer

IST GEEIGNET FÜR

WISSEN ★★★★★   EINSTELLUNG ★★☆☆☆   VERHALTEN ☆☆☆☆☆

ANWENDUNGSIDEEN

- **Einleitung einer Diskussionsrunde:** Eine Infosession kann als erster Input für eine folgende Diskussionsrunde dienen. Fachliche Informationen zu einer spezifischen Fragestellung können hierbei helfen, den Wissensstand der Teilnehmer anzugleichen und eine Basis für eine fachliche Argumentation zu schaffen. Anschließend können dann verschiedene Meinungen und Sichtweisen ausgetauscht werden.

- **Teil einer Fachkonferenz**: Als Teil einer Fachkonferenz liefert eine Infosession Informationen zu einem bestimmten fachlichen Inhalt. Je nach Bedarf kann die Infosession in Form eines informativen Vortrags oder einer Sitzung zur Beratung eines bestimmten Fachthemas durchgeführt werden.

- **Vorstellung der eigenen Firma oder Arbeitsweise:** Eine Infosession kann genutzt werden, um Einblicke in die Zielsetzung, Aufstellung und Arbeitsweise eines Unternehmens zu geben. Um eine authentische Darstellung zu garantieren, ist es sinnvoll, die Infosession von einem Mitarbeiter durchführen zu lassen. Diese Art der Infosession kann beispielsweise eingesetzt werden, um Kunden oder zukünftige Mitarbeiter zu gewinnen.

P23 – BLIND DATES

BESCHREIBUNG DER METHODE

Ein Blind Date ist ein Treffen zweier Menschen, die sich bisher nicht kennen oder nur sehr wenig voneinander wissen. Im unternehmerischen Kontext bedeutet dies, dass zwei zufällig ausgewählte Mitarbeiter aus verschiedenen Abteilungen gemeinsam essen oder einen Kaffee trinken gehen. Die Teilnahme ist freiwillig; Mitarbeiter bekommen dann – meistens organisiert durch die Personalabteilung – aus dem Pool der Teilnehmer einen Blind-Date-Partner „zugelost". So erweitern die Mitarbeiter ihr unternehmensweites Netzwerk. Im Idealfall werden zudem Zusammenarbeit und Einsatzbereitschaft sowie Empathie im Unternehmen gefördert.

bit.ly/2zsmdiW

HERVORRAGEND GEEIGNET, UM ...

- ... Mitarbeiter zu vernetzen
- ... ein informelles Kennenlernen verschiedener Mitarbeiter zu fördern
- ... einen abteilungsübergreifenden Austausch anzuregen
- ... Empathie und Einsatzbereitschaft zu fördern
- ... die unternehmensweite Zusammenarbeit zu erhöhen

VORBEREITUNG

- Vorbereitungsaufwand: gering bis mittel
- Komplexität: gering
- didaktischer Aufwand: gering

DURCHFÜHRUNG

- Teilnehmerzahl: 2 Personen
- Durchführungsdauer: 0,5–2 Stunden
- Material: ggf. Material zur Dokumentation

IST GEEIGNET FÜR

WISSEN ★★☆☆☆   EINSTELLUNG ★★★★☆   VERHALTEN ★★☆☆☆

ANWENDUNGSIDEEN

- **Methode zur unternehmensweiten Vernetzung:** Setzt man Blind Dates unternehmensweit (beispielsweise einmal im Monat) ein, können sich Mitarbeiter kennenlernen, die sonst keine Gelegenheit zum Austausch miteinander haben. So entstehen neue Kontakte und Netzwerke, ein besseres Verständnis für andere Abteilungen und mehr Gelegenheiten zur Hilfestellung und Zusammenarbeit im Unternehmen.

- **Als Hilfestellung für internationale Mitarbeiter:** Um internationalen Mitarbeitern das Ankommen in dem neuen Land und das Verständnis der fremden Kultur zu erleichtern, können Blind Dates mit erfahrenen Mitarbeitern organisiert werden. So können die neuen Mitarbeiter in einem informellen Rahmen ihre Fragen loswerden und neue Gebräuche oder Arbeitsweisen kennenlernen.

- **Als Teil des Onboardings:** Im Rahmen des Onboardings kann ein neuer Mitarbeiter verschiedene Personen des Unternehmens während mehrerer Blind Dates kennenlernen und erhält so die Möglichkeit eines ganzheitlichen Einblicks in die Firma. Es geht hierbei nicht nur darum, mit den direkten Kollegen in den Austausch zu treten, sondern auch die Arbeitsweisen der Firma an sich und das Zusammenspiel verschiedener Abteilungen zu verstehen.

- **Kennenlernsequenz im Training:** Im Training kann die Methode des Blind Dates den Prozess des Kennenlernens unterstützen, wenn die Teilnehmer sich noch nicht untereinander kennen. Hierzu finden sich am Anfang des Trainings jeweils zufällig zwei Teilnehmer zusammen und tauschen sich untereinander aus. Bei Bedarf können nach dem ersten Durchgang die Blind Dates gewechselt werden.

P24 – BROWN BAG MEETING

BESCHREIBUNG DER METHODE

Ein Brown Bag Meeting ist ein informelles Treffen zwischen Mitarbeitern während der Mittagszeit. Hierbei können die Teilnehmer Speisen und Getränke, die sie zum Beispiel in einer Papiertüte – amerikanisch Brown Bag – mitgebracht haben, zu sich nehmen und Themen besprechen sowie Diskussionen führen. Solch ein Meeting zeichnet sich durch eine lockere Atmosphäre aus und dauert meist rund eine Stunde.

bit.ly/2AmGYMt

HERVORRAGEND GEEIGNET, UM …

- … ein relevantes Thema in lockerer Runde zu diskutieren
- … gemeinsam Ideen zu sammeln
- … abteilungsübergreifend zu netzwerken
- … neue Mitarbeiter informell kennenzulernen

VORBEREITUNG

- Vorbereitungsaufwand: gering bis mittel
- Komplexität: gering
- didaktischer Anspruch: gering

DURCHFÜHRUNG

- Teilnehmerzahl: ca. 2–5 Personen
- Durchführungsdauer: 1 Stunde
- Material: Speisen, Getränke, ggf. Material zur Dokumentation

---

IST GEEIGNET FÜR

WISSEN ★★★☆☆   **EINSTELLUNG** ★★★★★   **VERHALTEN** ★★☆☆☆

ANWENDUNGSIDEEN

- **Informelles Kennenlernen neuer Mitarbeiter:** Das Brown Bag Meeting ist eine Möglichkeit, mit neuen Mitarbeitern oder sogar Bewerbern informell ins Gespräch zu kommen und mehr über deren Arbeitsweise, Motivation und fachliche Kompetenz zu erfahren.

- **Treffen von Lerntandems:** Das Brown Bag Meeting bietet Raum für regelmäßige Treffen von Lerntandems oder -partnerschaften am Arbeitsplatz. Hier können in lockerer Atmosphäre Erfahrungen ausgetauscht und aktuelle Fragestellungen diskutiert sowie alte Lerninhalte reflektiert werden.

- **Als unterstützendes Führungsinstrument:** In Brown Bag Meetings zwischen einem Mitarbeiter und seiner Führungskraft können Themen wie die aktuelle Belastung, die Motivation oder die Entwicklung des Mitarbeiters in einem informellen Kontext besprochen werden.

- **Lockere Diskussionsrunde zu strategischen Themen:** Das Brown Bag Meeting kann eingesetzt werden, um Vertreter verschiedener Fachgebiete zusammenzuführen und neue Ideen oder Fragestellungen zur strategischen Ausrichtung der Firma zu besprechen – ohne einen akuten Bedarf zu haben und somit ohne jeden Druck.

P25 – TELEFONKONFERENZ

BESCHREIBUNG DER METHODE

Telefonkonferenzen sind Telefonate oder Meetings, die ortsunabhängig mit mindestens drei Personen durchgeführt werden. Die Teilnehmer wählen dazu eine Leitung, die von mehreren Personen gleichzeitig genutzt werden kann. So können sie sich während der Besprechung an verschiedenen Orten aufhalten. Zum Teil werden bei Telefonkonferenzen neben dem normalen Gespräch über das Telefon zusätzlich Bildschirmpräsentationen eingesetzt.

bit.ly/2FI7HZY

HERVORRAGEND GEEIGNET, UM …

- … Gruppenbesprechungen ab drei Personen durchzuführen
- … sich ohne Nutzung eines Besprechungsraums abzustimmen
- … auf internationaler Ebene miteinander zu kommunizieren
- … sich kostengünstig mit Externen auszutauschen

VORBEREITUNG

- Vorbereitungsaufwand: mittel
- Komplexität: mittel
- didaktischer Anspruch: mittel

DURCHFÜHRUNG

- Teilnehmerzahl: ab 3 Personen
- Durchführungsdauer: 0,5–3 Stunden
- Material: Konferenznummer, ggf. Präsentationsmaterial

IST GEEIGNET FÜR

WISSEN ★★★★☆   EINSTELLUNG ★★★☆☆   VERHALTEN ☆☆☆☆☆

ANWENDUNGSIDEEN

- **Teamabsprache bei räumlicher Distanz:** Eine Telefonkonferenz zwischen Teammitgliedern, die an unterschiedlichen Standorten arbeiten, kann zur Besprechung verschiedener Projekte oder Ideen genutzt werden. Hier ist die Telefonkonferenz ein Ersatz für ein (regelmäßiges) persönliches Teammeeting.

- **Meeting mit internationaler Beteiligung:** Bei einem Projekt, das internationale Stakeholder miteinbezieht, kann eine Telefonkonferenz ein persönliches Meeting ersetzen. Die Besprechungen werden dann via Telefon- oder Videokonferenz durchgeführt – optimalerweise mit der Möglichkeit, den Bildschirm mit anderen Beteiligten zu teilen und so Inhalte konkreter besprechen zu können.

- **Kostengünstiges Kennenlernen externer Vertragspartner:** Eine Telefonkonferenz ermöglicht es, externe Dienstleister oder Bewerber in einem ersten Gespräch kennenzulernen – ohne den zeitlichen und organisatorischen Aufwand einer Anreise. Beim Zustandekommen einer Zusammenarbeit kann bei Bedarf ein persönliches Meeting folgen.

P26 – WORLD CAFÉ

BESCHREIBUNG DER METHODE

Das World Café ist eine Workshop-Methode, bei der vorab festgelegte Fragestellungen an mehreren Arbeitsstationen in Kleingruppen diskutiert und bearbeitet werden. Nach Ablauf einer festgelegten Zeit wechseln die Teilnehmer die Arbeitsstation und finden sich in einer neu gemischten Kleingruppe wieder. Ein sogenannter Gastgeber verbleibt dabei am Tisch und präsentiert der nächsten Gruppe die Fragestellung der Arbeitsstation und die Ergebnisse der vorherigen Runde. Darauf abbauend kann die Diskussion in neuer Zusammenstellung fortgeführt, ergänzt und überarbeitet werden. Die Ergebnisse der Diskussionen werden schriftlich festgehalten und am Ende der Übung der ganzen Gruppe vorgestellt.

bit.ly/2zs5MTv

HERVORRAGEND GEEIGNET, UM …

- … neue Ideen zu erarbeiten
- … Erfahrungen und Wissen zu teilen
- … kreative Diskussionen zu führen
- … vielschichtige Fragestellungen zu bearbeiten

VORBEREITUNG

- Vorbereitungsaufwand: mittel bis hoch
- Komplexität: hoch
- didaktischer Anspruch: hoch

DURCHFÜHRUNG

- Teilnehmerzahl: ab 12 Personen
- Durchführungsdauer: 45 Minuten bis 3 Stunden
- Material: Arbeitsstationen, Flipcharts, Pinnwände, Moderationskarten, Zettel, Stifte

IST GEEIGNET FÜR

WISSEN ★★★☆☆   EINSTELLUNG ★★★☆☆   VERHALTEN ★★★★☆

ANWENDUNGSIDEEN

- **Wissensaustausch bei großen Teilnehmergruppen:** Das World Café ermöglicht den Austausch in wechselnden Kleingruppen zu verschiedenen Fragestellungen und kann auch mit sehr vielen Teilnehmern durchgeführt werden. So haben die Teilnehmer die Möglichkeit, mit vielen unterschiedlichen Personen zusammenzuarbeiten sowie Erfahrungen und Wissen auszutauschen.

- **Bearbeitung von komplexen Fragestellungen:** Eine komplexe Fragestellung kann mithilfe eines World Cafés in eine Reihe untergeordneter Fragen unterteilt werden. So können in wechselnden Kleingruppen vielschichtige Informationen gesammelt werden, um die Beantwortung der übergeordneten Frage zu ermöglichen. Zum Ende der Übung werden dazu die gesammelten Informationen zusammengetragen und im Kontext der übergeordneten Frage betrachtet.

- **Methode zur kreativen Ideensammlung:** Durch die wechselnden Kleingruppen und die Möglichkeit, auf die Ideen vorangegangener Gruppen aufzubauen, kann die Methode des World Cafés die Kreativität und den Ideenreichtum der Teilnehmer fördern. Die Teilnehmer können sich untereinander Gedankenanstöße geben und so gemeinsam eine kreative Lösung finden.

- **Effiziente Bearbeitung mehrerer Themen:** Die verschiedenen Arbeitsstationen des World Cafés ermöglichen es, mehrere Themen oder Fragestellungen gleichzeitig zu bearbeiten. Die begrenzte Zeit und die wechselnden Kleingruppen fördern dabei einen effizienten Wissens-, Erfahrungs- oder Ideenaustausch. Bei dieser Anwendung können auch untergeordnete Aspekte eines übergreifenden Themas an den verschiedenen Arbeitsstationen besprochen werden. So könnten unter anderem Teamarbeit, Arbeitsmaterial und Kommunikation mit dem übergreifenden Thema Digitalisierung besprochen werden.

P27 – PECHA KUCHA

BESCHREIBUNG DER METHODE

Pecha Kucha ist eine bildgestützte Vortragstechnik, bei der genau 20 Bilder bzw. PowerPoint-Folien für jeweils 20 Sekunden gezeigt und erklärt werden. Die ausgewählten Bilder laufen dabei automatisch ab, sodass der Vortrag nach exakt 6 Minuten 40 Sekunden endet. Der Begriff Pecha Kucha selbst kommt aus dem Japanischen und soll das Geräusch wiedergeben, das entsteht, wenn viele Menschen gleichzeitig reden. Die Methode wird verwendet, um in kurzer Zeit einen ersten Einblick in ein Thema, eine Idee oder ein abgeschlossenes Projekt zu geben.

bit.ly/2TMUp1a

HERVORRAGEND GEEIGNET, UM ...

- ... ein Thema kompakt zu präsentieren
- ... visuelle Lerner anzusprechen
- ... ein Projekt oder eine Veranstaltung zusammenzufassen
- ... aktivierende Impulse zu liefern

VORBEREITUNG

- Vorbereitungsaufwand: mittel
- Komplexität: gering bis mittel
- didaktischer Anspruch: mittel

DURCHFÜHRUNG

- Teilnehmerzahl: ab 3 Personen
- Durchführungsdauer: 6 Minuten 40 Sekunden
- Material: Fotomaterial, Präsentation, Beamer

IST GEEIGNET FÜR

WISSEN ★★★★☆   EINSTELLUNG ★★★☆☆   VERHALTEN ☆☆☆☆☆

ANWENDUNGSIDEEN

- **Bildliche Einleitung und Agendavorstellung:** Ein Pecha-Kucha-Vortrag kann zu Beginn einer Veranstaltung das folgende Programm erläutern und die verschiedenen fachlichen Themen vorstellen, die zu einem späteren Zeitpunkt noch tiefgehender behandelt werden sollen. Diese Art der Agendavorstellung soll das Interesse der Teilnehmer wecken und erste Inhalte vermitteln.

- **Zusammenfassung einer Veranstaltung:** Zum Abschluss einer mehrtägigen Veranstaltung kann ein Pecha-Kucha-Vortrag die wichtigsten Momente, Inhalte und Emotionen in Form von Fotos zusammenfassen und im Rahmen einer Pecha-Kucha-Präsentation kurz vorstellen. Im besten Fall weckt dies die Erinnerungen der Teilnehmer an einzelne Veranstaltungsteile und sorgt für einen gelungenen Abschluss.

- **Rückblick am zweiten Trainingstag:** Bei einem mehrtägigen Training kann ein Pecha-Kucha-Vortrag eingesetzt werden, um die bisher gelernten Inhalte wieder ins Gedächtnis zu rufen und im Anschluss auf diese aufzubauen und weiterzumachen. So kann Pecha Kucha zum Beispiel zur Einleitung am zweiten Trainingstag eingesetzt werden.

P28 – PRÄSENTATION

BESCHREIBUNG DER METHODE

Eine Präsentation kann einen Vortrag durch den Einsatz von Bildern, Grafiken, Texten und Videos ergänzen und unterstützen. So spricht ein Vortrag mit einer Präsentation nicht nur auditive, sondern auch visuelle Lerntypen an. Zumeist werden Präsentationen heutzutage mithilfe von Computerprogrammen wie PowerPoint oder Keynote erstellt.

bit.ly/2SdXaHc

HERVORRAGEND GEEIGNET, UM …

- … einen Vortrag unterstützend zu ergänzen
- … einen Lerninhalt zu visualisieren
- … verschiedene Lerntypen anzusprechen
- … einen komplexen Inhalt zu vereinfachen

VORBEREITUNG

- Vorbereitungsaufwand: mittel bis hoch
- Komplexität: mittel bis hoch
- didaktischer Anspruch: mittel

DURCHFÜHRUNG

- Teilnehmerzahl: ab 2 Personen
- Durchführungsdauer: 10 Min.–2 Stunden
- Material: Präsentationsmaterial, ggf. Beamer, Podium

IST GEEIGNET FÜR

WISSEN ★★★★★   EINSTELLUNG ★★★☆☆   VERHALTEN ★★☆☆☆

ANWENDUNGSIDEEN

- **Unterstützung eines Vortrags:** Eine Präsentation kann eingesetzt werden, um einen Vortrag zu einem beliebigen Thema zu ergänzen und die Aussagekraft der Inhalte zu unterstützen. Durch die Ansprache verschiedener Sinne und Lerntypen wird der Vortrag für die Zuhörenden so abwechslungsreicher und der Inhalt ist besser verständlich.

- **Verbildlichung eines Themas oder Lerninhalts:** Eine Präsentation kann ein beliebiges Thema, beispielsweise durch die Verwendung passender Bilder, Grafiken oder Videos, bildlich darstellen. So wird ein komplexer Lerninhalt für die Zielgruppe verständlicher und insbesondere visuelle Lerner werden angesprochen.

- **Interaktion mit den Teilnehmern:** Neben visuellem Material können auch interaktive Elemente eingesetzt werden, um einen Vortrag mithilfe einer Präsentation zu gestalten – zum Beispiel, indem man den Zuhörern eine Frage stellt oder sie selbst etwas ausprobieren lässt, das die Inhalte schneller verständlich macht.

P29 – VOX POPS

BESCHREIBUNG DER METHODE

Vox Pops bezeichnet einen zusammengeschnittenen Audio- oder Videobeitrag, bei dem Personen ihre persönliche Meinung zu einem bestimmten Thema äußern. Der Inhalt eines Vox Pops basiert meist auf einer Befragung im öffentlichen Raum. Der anschließende Zusammenschnitt ist eine Sammlung prägnanter Antworten, welche die Stimmung und die öffentliche Meinung zu einem Thema widerspiegeln sollen. Daher stammt auch die Bezeichnung der Methode: Vox Pops kommt aus dem Lateinischen und ist die Kurzform von Vox Populi – Stimme des Volkes.

bit.ly/2r4NHGw

HERVORRAGEND GEEIGNET, UM ...

- ... das Feedback zu einer Veranstaltung zusammenzufassen
- ... unterschiedliche Meinungen darzustellen
- ... verschiedene Wissensstände aufzuzeigen
- ... für ein Thema oder Event zu werben

VORBEREITUNG

- Vorbereitungsaufwand: hoch
- Komplexität: mittel bis hoch
- didaktischer Anspruch: gering bis mittel

DURCHFÜHRUNG

- Teilnehmerzahl: ab 1 Person
- Durchführungsdauer: 2–15 Min.
- Material: Kamera, Mikrofon, Beamer

IST GEEIGNET FÜR

| WISSEN ★★☆☆☆ | EINSTELLUNG ★★★★★ | VERHALTEN ☆☆☆☆☆ |

ANWENDUNGSIDEEN

- **Einleitung einer Diskussionsrunde:** Vox Pops können genutzt werden, um kurz und prägnant verschiedene Meinungen zu einem Thema darzustellen und somit erste Argumente für eine kommende Diskussionsrunde zu sammeln.

- **Aufklärung von falschem Halbwissen:** Die Vox-Pops-Methode kann dazu dienen, darauf aufmerksam zu machen, dass zu einem bestimmten Thema viele falsche oder nicht-wissenschaftliche Informationen kursieren. Dies schafft Aufmerksamkeit und erhöht die Relevanz der darauffolgenden Aufklärung und Klarstellung der Thematik.

- **Promotion für kommende Events:** Vox Pops können genutzt werden, um positive Rückmeldungen verschiedener Teilnehmer zu einer Veranstaltung zusammenzufassen und als Marketinginstrument für eine kommende Durchführung einzusetzen. So kann das Video kurz das Thema, die Inhalte und insbesondere den Erfolg der Veranstaltung zusammenfassen.

- **Abschluss einer Großveranstaltung:** Vox Pops können während einer Großveranstaltung durch die Befragung verschiedener Teilnehmer erstellt werden und so zum Abschluss einen zusammenfassenden Überblick über die Highlights der Veranstaltung und das Feedback der Teilnehmer geben.

P30 – ROLLENSPIEL

BESCHREIBUNG DER METHODE

Rollenspiele sind eine spielerische Methode, um Verhaltensweisen in sozialen Situationen zu verdeutlichen, einzuüben und zu reflektieren. Bei einem Rollenspiel bekommen die Teilnehmer bestimmte Rollen zugewiesen. Diese können klar definiert und beschrieben sein oder viel freien Gestaltungsspielraum bieten. Anschließend werden vorgegebene Situationen simuliert und unter Einnahme der entsprechenden Rollen zusammen durchgespielt. So können im Rahmen eines Trainings unterschiedliche Aspekte des Arbeitslebens, wie Konflikt- oder Entscheidungssituationen, innerhalb eines sicheren Rahmens geübt werden.

bit.ly/2RaTDcw

HERVORRAGEND GEEIGNET, UM …

- … vorgegebene Verhaltensweisen zu trainieren
- … soziale Situationen spielerisch zu üben
- … die eigene Wirkung und Haltung zu untersuchen

VORBEREITUNG

- Vorbereitungsaufwand: mittel bis hoch
- Komplexität: mittel bis hoch
- didaktischer Anspruch: hoch

DURCHFÜHRUNG

- Teilnehmerzahl: ab 2 Personen
- Durchführungsdauer: 10 Min.–3 Stunden
- Material: Flipcharts, Pinnwände, Moderationskarten

IST GEEIGNET FÜR

WISSEN ★★★☆☆   EINSTELLUNG ★★★☆☆   VERHALTEN ★★★★★

ANWENDUNGSIDEEN

- **Übung eines Mitarbeitergesprächs:** Ein Rollenspiel kann eingesetzt werden, um das eigene Verhalten in einem Mitarbeitergespräch oder während eines Feedbackgesprächs zu untersuchen und zu verbessern. Hierzu werden die Rollen des Mitarbeiters und des Vorgesetzten verteilt und eine bestimmte Situation, wie beispielsweise ein negatives Feedback oder eine Gehaltsverhandlung, wird vorgegeben. Nach dem Rollenspiel können die Teilnehmer und bei Bedarf ein Beobachter die Gesprächsführung besprechen und Verbesserungsmöglichkeiten definieren.

- **Verbesserter Umgang mit Konfliktsituationen:** Auch der verbesserte Umgang mit Konfliktsituationen kann im Rahmen eines Rollenspiels reflektiert und eingeübt werden. In diesem Fall nehmen die Teilnehmer die Rollen zweier oder mehrerer Konfliktparteien ein und spielen einen bestimmten Konflikt anhand einer vorgegebenen Situation durch. So können die eigenen Verhaltensweisen während eines Konflikts besprochen, verschiedene Konfliktstadien definiert und mögliche Konfliktlösungsstrategien angewendet werden.

- **Verhaltensweisen in Stresssituationen:** Ein Rollenspiel kann eine individuelle Stresssituation simulieren und die Möglichkeit bieten, in einem sicheren Umfeld das eigene Verhalten zu analysieren und ggf. eine verbesserte Verhaltensweise einzuüben. Mögliche Stresssituationen können beispielsweise Interviewsituationen, Streitgespräche oder Vortragssituationen mit kritischen Rückfragen sein.

- **Umsetzung neu erlernter Methoden und Verhaltensweisen:** Ein Rollenspiel bietet die Möglichkeit, bestimmte Methoden oder Verhaltensweisen, die während eines Trainings oder Vortrags theoretisch eingeleitet wurden, in der tatsächlichen Umsetzung und Anwendung zu trainieren – z. B. spezifische Business- oder Analysetechniken, der richtige Einsatz von Körpersprache oder bestimmte Fragetechniken. Die handlungsorientierte Anwendung der Methoden und Verhaltensweisen in einem Rollenspiel unterstützt den Transfer in den Arbeitsalltag.

P31 – SEMINARQUIZ

BESCHREIBUNG DER METHODE

Das Seminarquiz ist ein Fragespiel, das während eines Seminars, Trainings oder Vortrags zur interaktiven Wissensabfrage eingesetzt wird. Hierbei werden eine Reihe relevanter Fragen zu dem inhaltlichen Schwerpunkt in Einzel- oder Gruppenarbeit bearbeitet und anschließend ausgewertet. In vereinfachter Form kann das Seminarquiz auch durch Handzeichen der Teilnehmer direkt durchgeführt werden. Die Methode des Seminarquiz ermöglicht es, einen theoretischen Inhalt durch eine interaktive Wettbewerbskomponente interessanter zu gestalten.

bit.ly/2SdTMfA

HERVORRAGEND GEEIGNET, UM ...

- ... den Wissensstand der Teilnehmer zu klären
- ... Trainings eine interaktive Wettbewerbskomponente zu geben
- ... Wissenslücken zu identifizieren
- ... Teilnehmer zu aktivieren

VORBEREITUNG

- Vorbereitungsaufwand: mittel
- Komplexität: mittel
- didaktischer Anspruch: mittel bis hoch

DURCHFÜHRUNG

- Teilnehmerzahl: ca. 8–12 Personen
- Durchführungsdauer: 2–30 Min.
- Material: ggf. Fragebögen, Stifte

IST GEEIGNET FÜR

WISSEN ★★★★☆   EINSTELLUNG ★☆☆☆☆   VERHALTEN ☆☆☆☆☆

ANWENDUNGSIDEEN

- **Wissensabfrage zur Einleitung eines Themas:** Vor dem inhaltlichen Einstieg in ein neues Thema kann ein kurzes Seminarquiz den Wissensstand der Teilnehmer aufzeigen. Die Ergebnisse ermöglichen dem Trainer oder Vortragenden dann, die Inhalte bedarfsgerecht zu behandeln und eventuell einzelne Aspekte zu verkürzen oder bei Unklarheit genauer zu erklären.

- **Wissensquiz als interaktiver Wettbewerb:** Ein kurzes Seminarquiz während eines Trainings oder Seminars sorgt für Interaktion und motiviert. Je nach Bedarf können ausgewählte Fragen zu den behandelten Inhalten in Einzel- oder Gruppenarbeit beantwortet und dann in der großen Gruppe ausgewertet werden. Um die Motivation der Teilnehmer zu steigern, kann das Quiz in Form eines Wettbewerbs mit einem Preis für den Sieger durchgeführt werden.

- **Testsituation zum Abschluss eines Themas:** Das Seminarquiz kann ebenfalls zum Abschluss eines Themas, Trainings oder Seminars eingesetzt werden, um die Aufmerksamkeit und Motivation während der Veranstaltung zu steigern. Außerdem werden so bestehende Wissenslücken der Teilnehmer aufgedeckt, die in folgenden Lernformaten behandelt werden können.

- **Einbezug der Teilnehmer während eines Vortrags:** Ein kurzes Seminarquiz während eines Vortrags kann die Aufmerksamkeit der Teilnehmer schnell steigern und sie aktivieren. So können beispielsweise Schätzfragen gestellt werden, die Verwunderung auslösen oder Spannung aufbauen.

P32 – SIMULATION

BESCHREIBUNG DER METHODE

Bei einer Simulation können Einzelpersonen oder Gruppen in einer künstlich erzeugten, aber realitätsnahen Umgebung Verhaltensweisen trainieren. Die Methode der Simulation ist geeignet, um Verständnis für bestimmte Situationen und Verhaltensweisen zu wecken, die außerhalb der Situation nicht zu einem beliebigen Zeitpunkt erfahrbar sind. So können neue Verhaltensweisen ausprobiert und optimiert werden. Eine besondere Form der Simulation stellt die virtuelle Realität (VR) dar. Dabei handelt es sich um eine erweiterte computerbasierte Realität, die durch eine VR-Brille ermöglicht wird. Im virtuellen Raum kann jede beliebige Situation abgebildet und interaktiv simuliert werden.

bit.ly/2QfxKvB

HERVORRAGEND GEEIGNET, UM …

- … realitätsnahe Erfahrungen zu sammeln
- … Verhaltensweisen zu testen
- … spezifische Situationen besser zu verstehen
- … Verhaltensmuster in Stresssituationen zu trainieren
- … interaktive und kommunikative Fähigkeiten zu trainieren

VORBEREITUNG

- Vorbereitungsaufwand: hoch
- Komplexität: hoch
- didaktischer Anspruch: hoch

DURCHFÜHRUNG

- Teilnehmerzahl: ab 1 Person
- Durchführungsdauer: 10 Min. bis mehrere Stunden
- Material: Simulationsmaterial

IST GEEIGNET FÜR

WISSEN ★★★☆☆   EINSTELLUNG ★★★☆☆   VERHALTEN ★★★★★

ANWENDUNGSIDEEN

- **Trainieren bestimmter Verhaltensweisen:** Eine Simulation kann eingesetzt werden, um die Verhaltensweisen in einer bestimmten Situation, die selten im realen Leben auftritt, zu trainieren. So kann zum Beispiel ein Feedbackgespräch simuliert werden, indem sowohl der Kontext entsprechend vorbereitet wird und die Rollen des Feedbackgebers und des Feedbacknehmers verteilt werden.

- **Durchführung eines Planspiels:** Eine komplexe Form der Simulation ist das Planspiel. Es verdeutlicht möglichst realitätsnah das Zusammenspiel verschiedener Personen, Aufgaben und Rollen. Die Lerner übernehmen bei einem Planspiel verschiedene Rollen in einem vorgegebenen Szenario. So können verschiedene Arbeitsabläufe (z. B. der Produktionsprozess eines bestimmten Produktes) oder Entscheidungsprozesse nachgestellt werden.

- **Testen geplanter Situationen oder Prozesse:** Eine Simulation kann eingesetzt werden, um einen bestimmten Lösungsvorschlag oder einen Prototyp zu testen. So kann das Empfinden verschiedener Zielgruppen, wie beispielsweise Kunden oder Stakeholder, simuliert und die vorgeschlagene Lösung auf ihre praktische Umsetzbarkeit hin geprüft werden.

P33 – CALL A COACH

BESCHREIBUNG DER METHODE

Die Methode Call a Coach bezeichnet die Möglichkeit, einen vorab festgelegten Coachingpartner in einem klar definierten Zeitraum, zum Beispiel telefonisch, kontaktieren zu dürfen. Auf diese Weise ermöglicht der Coach seinem Coachee die gemeinsame Besprechung von Fragen, Erfahrungen oder Herausforderungen – und zwar ad hoc, unabhängig von festgelegten Coachingsessions. Diese Form des Coachings lässt sich aufgrund ihrer Spontaneität und einfachen Durchführung sehr gut während der Anwendungs- und Umsetzungsphase eines Projektes, Trainings oder Change-Prozesses anwenden.

bit.ly/2FGdpv7

HERVORRAGEND GEEIGNET, UM ...

- ... eine Fragestellung spontan zu besprechen
- ... sich zu aktuellen Anliegen auszutauschen
- ... sich kontinuierlich weiterzuentwickeln
- ... ein Problem ad hoc zu behandeln
- ... sich auf einfache Weise abzusichern

VORBEREITUNG

- Vorbereitungsaufwand: gering bis mittel
- Komplexität: mittel bis hoch
- didaktischer Anspruch: hoch

DURCHFÜHRUNG

- Teilnehmerzahl: ab 1 Person
- Durchführungsdauer: 10 Min.
- Material: ggf. Material zur Dokumentation

IST GEEIGNET FÜR

WISSEN ★★★☆☆   EINSTELLUNG ★★★★☆   VERHALTEN ★★★☆☆

ANWENDUNGSIDEEN

- **Transferunterstützung nach einem Training:** Die Methode Call a Coach kann nach einem Training eingesetzt werden, um den Transfer der gelernten Methoden und Fähigkeiten in den Arbeitsalltag zu unterstützen. In diesem Fall nimmt der Trainer die Rolle des Coaches ein und steht während der vereinbarten Zeiten zur Fragenklärung und Besprechung möglicher Schwierigkeiten bei der Umsetzung zur Verfügung. So kann die tatsächliche Anwendung des Gelernten praxisnah erleichtert werden.

- **Ergänzend zu persönlichen Coachingsessions:** Die Methode Call a Coach kann eine oder mehrere festgelegte, persönliche Coachingsessions ergänzen. So besteht die Möglichkeit, auch neben den Face-to-Face-Terminen wichtige Fragen und aktuelle Herausforderungen zu klären. Dies kann die direkte Umsetzung und die persönliche Entwicklung fördern.

- **Zur Reflexion mit einem Coachingpartner:** Call a Coach kann ebenfalls zur Unterstützung eines Reflexionsprozesses eingesetzt werden. Abhängig von dem Thema der Reflexion können ein passender Coachingpartner gefunden und mögliche Zeiten zur Kontaktaufnahme abgemacht werden. Auf diese Weise können interessante Gedanken und Erfahrungen ausgetauscht werden.

- **Unterstützung während der Umsetzung eines Change-Projekts:** Call a Coach bietet sich auch während kritischer Umsetzungsphasen – z. B. in einem Change-Projekt – an. Der Coach kann so auch außerhalb der eigentlichen Beratungszeiten helfen, auf eine kritische Situation zu reagieren oder eine Entscheidung schnell und zielführend zu treffen.

14. METHODENKOFFER KOMMUNIKATION

K01 – E-MAIL

BESCHREIBUNG DER METHODE

E-Mails sind der klassische Kanal, über den Informationen an die Mitarbeiter verbreitet werden, sei es per Mailing oder per Newsletter. Der Vorteil ist: Alle Mitarbeiter sind mit dem Instrument vertraut. Der Nachteil: Da täglich sehr viele E-Mails empfangen werden, geht eine E-Mail, mit der ein Schulungskonzept beworben wird, schnell mal unter.

bit.ly/2TKt6od

HERVORRAGEND GEEIGNET, UM ...

- ... neue Trainings anzukündigen
- ... Selbstlernsysteme zu launchen

VORTEILE

- ist sehr preiswert
- lässt sich schnell produzieren
- hat eine hohe Reichweite

NACHTEILE

- Effizienz ist abhängig von der Betreffqualität
- muss den Empfänger ansprechen

K02 – BRIEF

BESCHREIBUNG DER METHODE

Briefe werden oft als altmodisch und überholt angesehen. Man sollte diesen Kommunikationsweg jedoch nicht unterschätzen. In Zeiten von E-Mails und anderer digitaler Kommunikation wirkt ein Anschreiben auf Papier besonders persönlich und hochwertig.

bit.ly/2Amj9ob

HERVORRAGEND GEEIGNET, UM ...

- ... neue Trainings anzukündigen
- ... Selbstlernsysteme zu launchen
- . ... zu Trainingsveranstaltungen einzuladen

VORTEILE

- wirkt hochwertig
- kann sehr persönlich sein
- erreicht auch Menschen ohne Mail-Adresse

NACHTEILE

- im Vergleich zu digitalen Kanälen deutlich teurer
- kann auch schnell ungelesen im Mülleimer landen
- Erstellung und Versand sind aufwendig

K03 – ERKLÄRVIDEO

BESCHREIBUNG DER METHODE

Animierte Erklärfilme können für die Kommunikation zu einem Training eingesetzt werden. Klassischerweise vermitteln sie erste Einblicke in das Training, liefern Nutzenargumente und erläutern die Trainingsstruktur.

bit.ly/2AmvBnF

HERVORRAGEND GEEIGNET, UM ...

- ... Trainingskonzepte zu erklären
- ... Einzeltrainings vorzustellen
- ... Präsenztrainings und E-Learnings zu erläutern

VORTEILE

- sorgt für eine starke Emotionalisierung
- erklärt Inhalte anschaulich
- kann sehr unterhaltsam sein

NACHTEILE

- Produktion ist aufwendig
- bringt hohe Produktionskosten mit sich

K04 – TRAILER

BESCHREIBUNG DER METHODE

Ein Trailer kann als animiertes Video oder als Realfilm produziert werden. In der Kommunikation wird er häufig eingesetzt, um Nutzenargumente für das Training zu vermitteln, der Zielgruppe bewusst zu machen, was nach dem Training für sie möglich sein wird, Stimmen von Testimonials, wie zum Beispiel Vorstandsmitgliedern, einzufangen.

bit.ly/2BxIyNu

HERVORRAGEND GEEIGNET, UM ...

- ... Trainingskonzepte vorzustellen
- ... Einzeltrainings zu erklären
- ... Präsenztrainings und E-Learnings zu erläutern

VORTEILE

- sorgt für starke Emotionalisierung
- erklärt Inhalte anschaulich
- kann sehr unterhaltsam sein

NACHTEILE

- Produktion ist aufwendig
- bringt hohe Produktionskosten mit sich

K05 – UMFRAGE

BESCHREIBUNG DER METHODE

Umfragen werden häufig eingesetzt, um Teilnehmer zu aktivieren und in einen Prozess miteinzubeziehen. Auf diese Weise können Bedürfnisse ermittelt und Projekte vorbereitet werden.

bit.ly/2E0jlYM

HERVORRAGEND GEEIGNET, UM ...

- ... Bedarfsanalysen zu machen
- ... Statusabfragen durchzuführen
- ... Meinungen abzufragen

VORTEILE

- lässt sich günstiger stellen
- eröffnet neue Sichtweisen
- hat eine hohe Reichweite

NACHTEIL

- Teilnahmequote ist oft gering

K06 – INTERVIEW

BESCHREIBUNG DER METHODE

In einem Interview können Testimonials zu Wort kommen, entweder um sich kritischen Fragen zu stellen oder um zu erläutern, warum ein bestimmtes Training für sie von besonderer Bedeutung ist. Durch das dynamische Wechselspiel zwischen den Gesprächspartnern wirkt ein Interview spannender und unterhaltsamer als eine einfache Ansprache.

bit.ly/2DUItGY

HERVORRAGEND GEEIGNET, UM …

- … Vertrauen aufzubauen
- … mit Einwänden und Kritik umzugehen
- … die Motivation zu erhöhen
- … den Nutzen einer Maßnahme zu bestätigen

VORTEILE

- kann sehr unterhaltsam sein
- lässt sich schnell produzieren
- hat eine hohe Reichweite

NACHTEILE

- Produktion ist aufwendig
- kann sich schnell abnutzen

K07 – VORTRAG/EVENT

BESCHREIBUNG DER METHODE

Zum Kick-off für ein neues Schulungskonzept sind Events und Vorträge eine gute Möglichkeit, um Aufmerksamkeit zu generieren und die Zielgruppe zu aktivieren. Ein Event kann groß aufgezogen werden, mit einem bekannten Key-Note-Speaker oder dem Vorstand, aber auch kleinere Veranstaltungen wie ein Kick-off-Workshop können eine hohe Reichweite haben.

bit.ly/2QgBo8x

HERVORRAGEND GEEIGNET, UM ...

- ... Kick-offs für neue Schulungskonzepte durchzuführen
- ... Selbstlernmaterial einzuführen
- ... Selbstlernsysteme zu launchen
- ... Führungskräftekonferenzen zu veranstalten

VORTEILE

- hat eine starke Aufmerksamkeitswirkung
- sorgt für eine hohe Emotionalisierung
- hat eine hohe Reichweite

NACHTEILE

- ist aufwendig in der Organisation
- erfordert je nach Größe eine komplexe Planung

K08 – POSTER

BESCHREIBUNG DER METHODE

Viele Unternehmen arbeiten heute noch mit Postern, um an hochfrequentierten Plätzen potenzielle Teilnehmer zu erreichen. Klassische Orte sind Kaffeemaschine, Kopierer, Aufzug und sogar die Toilette.

bit.ly/2KAzXw6

HERVORRAGEND GEEIGNET, UM …

- … Neugierde bei potenziellen Teilnehmern zu wecken
- … das Image aufzubauen

VORTEILE

- lässt sich günstig produzieren
- weckt Interesse an Orten, wo sonst schnell Langeweile aufkommt
- ist zwar non-digital, aber trotzdem sehr angesagt

NACHTEILE

- braucht eine pfiffige Idee
- das Verteilen und Aufhängen ist aufwendig

K09 – AUFSTELLER

BESCHREIBUNG DER METHODE

Aufsteller werden häufig in Eingangsbereichen und in Kantinen aufgestellt. Sie sind sehr günstig zu produzieren und lassen sich flexibel einsetzen.

bit.ly/2Ao0IPL

HERVORRAGEND GEEIGNET, UM ...

- ... Bedarf und Neugierde zu wecken
- ... Aufmerksamkeit zu erzielen

VORTEILE

- ist günstig herzustellen
- lässt sich schnell produzieren
- ist ein bekanntes Format

NACHTEILE

- wird bereits häufig genutzt
- braucht eine pfiffige Idee, um zu überzeugen

K10 – INTRANET-/PORTALPOST

BESCHREIBUNG DER METHODE

Ein Intranet- oder Portalpost wird häufig als Zusatzinfo zu einem Projekt bzw. als „Landingpage" für ein Projekt eingesetzt. In Form eines Posts werden dann alle notwendigen Informationen bereitgestellt und ein Ausgangspunkt für alle Teilnehmer geschaffen.

bit.ly/2SdW4vc

HERVORRAGEND GEEIGNET, UM …

- … Zusatzinformationen zu präsentieren
- … Projekt-Landingpages zu gestalten

VORTEILE

- ist günstig zu erstellen
- lässt sich schnell produzieren
- Änderungen lassen sich leicht umsetzen

NACHTEILE

- wird oft als langweilig wahrgenommen
- ist häufig unbeliebt

K11 – GEWINNSPIEL

BESCHREIBUNG DER METHODE

Durch Einsatz eines Gewinnspiels lassen sich je nach Zielgruppe zum Beispiel viele Teilnehmer dazu motivieren, sich auf einer neuen Trainingsplattform anzumelden. Aufgabe könnte dann eine kleine Schnitzeljagd quer durch ein neues Training sein. Wer alle Aufgaben gelöst hat, nimmt an der Verlosung teil.

bit.ly/2DYLBAq

HERVORRAGEND GEEIGNET, UM ...

- ... Selbstlernsysteme zu launchen
- ... für neue Trainingsportale zu werben
- ... neue Trainingskonzepte zu vermarkten

VORTEILE

- kann sehr unterhaltsam sein
- motiviert die Teilnehmer
- kann je nach Konzept zur viralen Verbreitung führen

NACHTEILE

- Vorbereitung und Ausführung sind aufwendig
- Zielgruppe kann das Training aus den Augen verlieren

K12 – VOX POPS

BESCHREIBUNG DER METHODE

Vox Pops sind kurze Videoclips, die max. 3 Minuten lang sind. Meistens handelt es sich um Interviews, in denen Kollegen oder Kunden ihre Meinungen äußern. Häufig werden Vox Pops auch zur Erfassung von Erfahrungen eingesetzt.

bit.ly/2PWt4eK

HERVORRAGEND GEEIGNET, UM …

- … Meinungen abzufragen
- … Erfahrungen zu erfassen

VORTEILE

- wirken sehr authentisch
- sind ansprechend und kurzweilig
- Inhalte sind für die Zielgruppe relevant und erkennbar

NACHTEILE

- Produktion ist aufwendig
- man braucht Freiwillige, die vor die Kamera treten

K13 – SMS

BESCHREIBUNG DER METHODE

Info-SMS eignen sich als Impulsgeber oder Reminder. Die hohe Öffnungsrate ist vorteilhaft, wenn eine Botschaft zwingend bei der Zielgruppe ankommen muss.

HERVORRAGEND GEEIGNET, UM ...

- ... Teilnehmer direkt anzusprechen
- ... Transferimpulse zu liefern

VORTEILE

- Versand ist günstig
- lässt sich schnell erstellen
- hat eine hohe Reichweite

NACHTEIL

- Botschaft muss sehr kompakt sein

bit.ly/2PTzgUT

K14 – MEETING

BESCHREIBUNG DER METHODE

Ein Meeting ist ein Treffen von zwei oder mehreren Personen mit einer konkreten Zielsetzung, wie beispielsweise die Planung eines Projekts oder die Lösung eines Problems.

bit.ly/2SfVBIX

HERVORRAGEND GEEIGNET, UM ...

- ... Informationen direkt auszutauschen
- ... Projekte, Maßnahmen und Events zu planen
- ... wichtige Bekanntmachungen zu verbreiten

VORTEILE

- ermöglicht direkte und persönliche Kommunikation
- kann sehr effektiv und ergebnisreich sein

NACHTEILE

- erfordert die (ggf. digitale) Anwesenheit aller Beteiligten
- muss vorbereitet und geplant werden

K15 – WORKSHOP

BESCHREIBUNG DER METHODE

In einem Workshop erarbeitet eine Gruppe von ca. 5 bis 15 Teilnehmern gemeinsam eine Lösung zu einer Problem- oder Fragestellung. Dabei wird sie durch einen Moderator angeleitet.

bit.ly/2FEMiAI

HERVORRAGEND GEEIGNET, UM ...

- ... gemeinschaftlich Ideen zu sammeln
- ... komplexe Aufgaben und Probleme zu lösen
- ... sich teamintern auszutauschen

VORTEILE

- ermöglicht direkte und persönliche Kommunikation
- kann sehr effektiv und ergebnisreich sein
- bietet den Teilnehmern Raum für freie Ideenfindung

NACHTEILE

- erfordert die Anwesenheit der Teilnehmer
- mus sorgfältig geplant werden

15. DIDAKTIK ENDLICH EINFACH GEMACHT

AB FEBRUAR 2019 ERHÄLTLICH

DIDAKTIK-ARCHITEKT: WIE DU WIRKSAME LERNFORMATE BAUST, OHNE DIDAKTIKER ZU SEIN

Für alle, die

... didaktisch wertvoll arbeiten wollen

... Konzepte bewerten müssen

... Konzeptschwächen identifizieren wollen

Du willst Lernformate bauen, die didaktisch brillant sind, also zwischen den Ohren des Lerners einen wirklichen Unterschied machen – doch Dir fehlt eine klassische didaktische Ausbildung? Kein Problem, Didaktik ist ja kein Hexenwerk. Alles, was Du brauchst, ist eine durchdachte Anleitung: In unserem neuesten Buch zeigen wir Dir, wie Du didaktisch hochwertige Formate entwickelst, ohne gelernter Didaktiker zu sein.

Unser Ansatz macht es Dir leicht. Für jeden Baustein Deines Lerndesigns findest Du das passende didaktische Vorgehen. Praktische Beispiele erleichtern Dir das Verständnis. Und Du kannst dank einer Schnelldiagnose ganz einfach überprüfen, ob Du auf dem richtigen Weg bist.

„Didaktik-Architekt" erscheint als Buch und als Lernkarten-Set auf bildungsinnovator.de

Impressum

Bibliografische Information der Deutschen Nationalbibliothek: Die Deutsche Nationalbibliothek verzeichnet diese Publikation in der Deutschen Nationalbibliografie; detaillierte bibliografische Daten sind im Internet über http://d-nb.de abrufbar.

Für Fragen und Anregungen: dirk@bildungsinnovator.de

1. Auflage 2019

© by eLearning Manufaktur GmbH, Erkrather Straße 401,
40231 Düsseldorf, vertreten durch Adolf Rudolf Riegler

ISBN 978-3-9819788-1-0

Alle Rechte, insbesondere das Recht der Vervielfältigung und Verbreitung sowie der Übersetzung, vorbehalten. Kein Teil des Werkes darf in irgendeiner Form (durch Fotokopie, Mikrofilm oder ein anderes Verfahren) ohne schriftliche Genehmigung der eLearning Manufaktur GmbH reproduziert oder unter Verwendung elektronischer Systeme gespeichert, verarbeitet, vervielfältigt oder verbreitet werden.

Es wird darauf verwiesen, dass alle Angaben in diesem Buch trotz sorgfältiger Bearbeitung ohne Gewähr erfolgen und eine Haftung der Autoren oder des Verlags ausgeschlossen ist.

Texte: Mirja Hentrey, Dirk Rosomm, Alexander Freihaut
Redaktionelle Mitarbeit: Torsten Schölzel, Berlin
Umschlaggestaltung: Verena Lorenz, München
Layout & Satz: Verena Lorenz, München
Korrektorat: Anna Singer, Grafing
Druck: Design und Druckservice, Köln

Bildnachweis: Cover:ma_rish-iStock/Getty Images Plus; S. 10 IanChrisGraham-iStock/Getty Images Plus; S. 12 Stefan Ilic-iStock/Getty Images Plus; S. 15 skynesher/ E+ /getty; S. 16 Enis Aksoy/DigitalVision Vectors; S. 17 Enis Aksoy/DigitalVision Vectors; S. 23 AlexRaths /Stock/Getty Images Plus; S. 26 RedlineVector /iStock/Getty Images Plus; S. 42 Sergey Khakimullin-iStock/Getty Images Plus; S. 44 Vectorios2016/DigitalVision Vectors; S. 52 Ryan McVay/ DigitalVision; S. 60 ThomasVogel/E+ Drahtseil; S. 62 Passakorn_14-iStock/Getty Images Plus; S. 66 Paul Bradbury/OJO Images; S. 68 Alexander Tibelius (nicht getty); S. 77 francescoch/iStock/Getty Images Plus; S. 86 mihailomilovanovic/E+; S. 95 Image Source/DigitalVision; S. 95 Image Source/getty; S. 96 Enis Aksoy/DigitalVision Vectors; S. 96 Enis Aksoy; S. 97 Enis Aksoy; S. 97 Enis Aksoy/DigitalVision Vectors; S. 99 IvonneW; S. 99 IvonneW/iStock/Getty Images Plus; S. 102 LightFieldStudios/iStock/Getty Images Plus; S. 102 LightFieldStudios; S. 103 Enis Aksoy; S. 105 artisteer; S. 105 artisteer/ Stock/Getty Images Plus; S. 108 francescoch/iStock/Getty Images Plus; S. 112 Serhii Brovko-iStock/Getty Images Plus; S. 113 tttuna/E+; S. 115 AndreyPopov-iStock/Getty Images Plus; S. 116 Dmytro Aksonov/E+; S. 121 Robert Daly/OJO Images; S. 127 Alexandra Iakovleva-iStock/Getty Images Plus; S. 127 May_Chanikran/ iStock/Getty Images Plus; S. 130 Aneese/iStock/Getty Images Plus; S. 132 Karabiner: vector-iStock/Getty Images Plus; S. 133 puruana/ iStock/Getty Images Plus; S. 142 francescoch/iStock/Getty Images Plus; S. 148 ferrantraite/iStock/Getty Images Plus; S. 152 twinsterphoto-iStock/Getty Images Plus; S. 154 mediaphotos-iStock/Getty Images Plus; S. 165 alphaspirit-iStock/Getty Images Plus; S. 166 ThomasVogel/iStock/Getty Images Plus; S. 168 Mack15/iStock/Getty Images Plus; S. 169 Ieremy/iStock/Getty Images Plus; S. 170-185 Ieremy/iStock/Getty Images Plus; S. 186 Image Sourc; S. 186 Stockbyte/Getty Images Plus; S. Inhalt; S. 315 AVIcons/iStock/Getty Images Plus; S. 316 Fabienne Reinking und Nils Ladewig; S. 318-319 Fabienne Reinking, eLearning Manufaktur, Markus Kolletzky